身份的焦虑

[英] 阿兰·德波顿 著

陈广兴 南治国 译

ALAIN DE BOTTON

—阿兰·德波顿作品集—

上海译文出版社

文学的意义
——新版作品集代总序

阿兰·德波顿

在人类为彼此创造的艺术形式和作品中，有一个门类占据了最大比重，即以某种形式探讨伤痛。郁郁寡欢的爱情，捉襟见肘的生活，与性相关的屈辱，还有歧视、焦虑、较量、遗憾、羞耻、孤立以及饥渴，不一而足；这些伤痛的情绪自古以来就是艺术的主要成分。

然而在公开的谈论中，我们却常常勉为其难地淡化自身的伤情。聊天时往往故作轻快，插科打诨；我们头顶压力强颜欢笑，就怕吓倒自己，给敌人可乘之机，或让弱者更为担惊受怕。

结果就是，我们在悲伤之时，还因为无法表达而愈加悲伤——忧郁本是正常的情绪，却得不到公开的名分。于是，我们在隐忍中自我伤害，或者干脆听任命运的摆布。

既然文化是一部人类伤痛、悲情的历史，那么，所有的问题都能予以修正，把绝望的情绪拉回人之常情，给苦难的回味送去应有的尊严，而对其中的偶然性或细枝末节按下不表。卡夫卡曾提出："我们需要的书（尽管也适用于其他任何艺术形式）必须是一把利斧，可以劈开心中的冰川。”换言之，找到一种能帮助我们从麻木中解脱的工具，让它担当宣泄的出口，可以让我们放下长久以来对隐忍的执念。

细数历史上最伟大的悲观主义者，他们中的每一人都能抚慰这种被压抑的苦楚。用塞内加的话说：“何必为部分生活而哭泣？君不见全部人生都催人泪下。”或者就像帕斯卡的喟叹：“人之伟大源于对自身不幸的认知。”而叔本华则留下讽刺的箴言：“人类与生俱来的错误观念只有一个，即以为人生在世的目的是为了得到幸福……智者知道，人间其实不值得。”

这种悲观主义缓和了无处不在的愁绪，让我们承认：人生下来就自带瑕疵，无法长久地把握幸福，容易陷入情欲的围困，甩不掉对地位的痴迷，在意外面前不堪一击，并且毫无例外地，会在寸寸折磨中走向死亡。

这也是我们在艺术作品中反复遭遇的一类场景：他人也有跟我们同样的悲伤与烦恼。这些情绪并非无关紧要，也无须避之不及，或被认为不值思量。关键在于我们如何看待。艺术作品带我们走近那些对痛苦怀有深刻同情的人，去触摸他们的精神和声音，而且允许我们穿越其间，完成对自身痛苦的体认，继而与人类的共性建立连接，不再感觉孤立和羞耻。我们的尊严因而得以保留，且能渐次揭开最深层的为人真理。于是，我们不仅不会因为痛苦而堕入万劫不复，还会在它的神奇引领下走向升华。

不妨把自己想象成一组同心圆。所有一眼望穿的事物都在外圈：谋生手段，年龄，教育程度，饮食口味和大致的社会背景。不难发现，太多人对我们的认知停留在这些圈层。而事实上，更内里的圈层才包裹着更隐秘的自身，包括对父母的情感、说不出口的恐惧、脱离现实的梦想、无法达成的抱负、隐秘幽暗的情欲，乃至眼前所有美丽又动人的事物。

虽说我们也渴望分享内里的圈层，却又总是止步于外面的圈层。每当酒终人散，回到家中，总能听见心中最隐秘的部分在细雨中呼喊。传统上，宗教为这种难耐的寂寞提供了理想的解释和出路。宗教人士总说，人的灵魂由神创造，唯有神才能知晓其间最深层的秘密。人也永远不会真正地孤独，因为神总是与我们同在。宗教以其动人的方式关照到一个重要命题，意识到人对被深刻了解和赞赏的愿望何其猛烈，并且大方地指出，这种愿望永远也无法在其他凡人身上得到满足。

而在我们的想象空间里，取代宗教地位的是人和人之间的爱情膜拜，俗称浪漫主义。它朝我们抛来一个漂亮而轻率的想法，认为只要我们足够幸运和坚定，从而遇到那个被称为灵魂伴侣的高维存在，就有可能打败寂寞，因为他们能读懂我们的所有秘密和怪癖，看清我们的全貌，并且依然为这样的我们陶醉沉迷。然而，浪漫主义过后，满地狼藉，因为现实一再将我们吊打，证明他人永远无法看透我们的全部真相。

好在，除了爱情和宗教的诺言之外，尚有另一种可用来关照寂寞的资源，并且还更为靠谱，那就是：文学。

目录

序言

阿兰·德波顿

新的经济自由使数亿中国人过上了富裕的生活。然而，在繁荣的经济大潮中，一个已经困扰西方世界长达数世纪的问题也东渡到了中国：那就是身份的焦虑。

身份的焦虑是我们对自己在世界中地位的担忧。不管我们是一帆风顺、步步高升，还是举步维艰、江河日下，都难以摆脱这种烦恼。为何身份的问题会令我们寝食难安呢？原因甚为简单，身份的高低决定了人情冷暖：当我们平步青云时，他人都笑颜逢迎；而一旦被扫地出门，就只落得人走茶凉了。其结果是，我们每个人都唯恐失去身份地位，如果察觉到别人并不怎么喜爱或尊敬我们时，就很难对自己保持信心。我们的“自我”或自我形象就像一只漏气的气球，需要不断充入他人的爱戴才能保持形状，而他人对我们的忽略则会轻而易举地把它扎破。因此，唯有外界对我们表示尊敬的种种迹象才能帮助我们获得对自己的良好感觉。

身份的焦虑是何时产生的呢？生活的基本需求总应该首先得

到满足吧。在饿殍遍地的饥馑年月里，很少有人会因为身份而焦虑。历史证明，社会保障了生活的基本需求之际，就是身份的焦虑滋生之时。在现代社会里，我们总爱拿自己的成就与被我们认为是同一层面的人相比较，身份的焦虑便缘此而生了。翻开报纸，发现上面有熟人光彩照人的相片（这足可以毁掉你整个早晨的心情）；你的好友兴冲冲地告诉你一个消息（他们升了职、他们即将结婚、他们的书上了畅销书排行榜），因为他们幼稚地，甚至带点施虐性地认为这是一个好消息。在晚会上，有人用力地握着我们的手，问我们在“干”什么，而他自己筹集资金刚刚开张了一家新公司：每当这一切发生时，我们便为自己的身份地位而担心了。

现今，身份的焦虑比以往任何时候都强烈，因为每个人获取成功（性爱的成功、经济的成功和职业的成功）的可能性似乎比以往任何时候都大。要想觉得自己不是一个“失败者”，我们必须期望更多的东西。我们每时每刻都被成功人士的故事所包围。然而回顾历史，我们可以发现，在绝大多数时代里，人们的主导思想与之完全相反：对生活抱以很低的期待不仅正常，而且明智。仅有极少数的人立志追求财富与成就。就大多数人而言，他们知道自己活在世上就是为人奴役、逆来顺受。即使是今天，我们攀上社会顶层的可能性也微乎其微。我们很难获得能与比尔·盖茨一较高下的成功，就如同一个 17 世纪的人想获得路易十四那样的权力是痴人说梦一样。然而不幸的是，现在的人们觉得这一切并非没有实现的可能——这种想法来自每个人阅读的杂志。事实上，如果谁没有为了实现这一切而全力以赴，那才是世间最荒唐无稽的事情。

富豪们是否也会受到身份焦虑的困扰？答案是肯定的，因为他们攀比的对象是与他们同等地位的人。我们所有人的做法都并无二致，故而即使我们比历史上的任何时期的人都富裕，到头来还是觉得一无所有、两手空空。并非我们不知好歹，而是因为我们并不以古人为参照来判断自己。与古人或与其他地域的人相比而显现出的富裕，并不能长时间地使我们开心。只有同那些一起长大的同伴、一起工作的同事、熟识的朋友，或是在公共场合与那些有认同感的新知相比较时，如果我们拥有和他们一样多或更多的东西的时候，我们才认为自己是幸运的。因此，要想获得成功的感觉，最佳途径莫过于选择一个稍逊于己的人做朋友……

毋庸置疑，对身份地位的渴望，同人类的任何欲望一样，都具有积极的作用：激发潜能、力臻完美、阻止离经叛道的有害行径，并增强社会共同价值产生的凝聚力。如同那些事业成功的失眠症患者历来所强调的那样，唯焦虑者方能成功，这或许具有一定的道理。但承认焦虑的价值，并不妨碍我们同时对此进行质疑。我们渴望得到地位和财富，但其实一旦如愿以偿，我们的生活反而会变得更加糟糕。我们的很多欲望总是与自己真正的需求毫无关系。过多地关注他人（那些在我们的葬礼上不会露面的人）对我们的看法，使我们把自己短暂一生之中最美好的时光破坏殆尽。假如我们不能停止忧虑，我们将会用生命中大量的光阴为错误的东西而担心，这才是最令人痛心疾首的事情。

治疗身份的焦虑并无灵丹妙药。但我们可以尽量去了解它、讨论它。这好比气象卫星发来的热带暴雨的报道。气象卫星并不能阻止暴雨的发生，但它给我们提供的地球图片至少能告诉我们一场暴雨的来源、强度、结束的时间，从而可以减轻我们在灾难面前手足无措的感觉。一旦对身份的焦虑有所了解，当我们再次面对对手的漠视和挚友的成功之时，我们的反应就不会仅仅是痛苦和内疚了。

界定

身份

——指个人在社会中的位置；源出于拉丁语 *statum*（拉丁语 *stare* 的过去分词形式，意思是站立），即地位。

——狭义上指个人在团体中法定或职业的地位（如已婚、中尉等）。而广义上——即本书所采用的意义——指个人在他人眼中的价值和重要性。

——不同的社会将不同的人群看作有身份的：猎人、斗士、古老家族、牧师、骑士、生育力强的女性。从 1776 年起，西方（一个模糊但仍能为人理解的有争论的地域概念）渐渐把经济成就同身份联系起来。

——获得上层身份令人欣喜。由于会得到别人的邀请、奉承、捧场的笑脸（即便你所讲的笑话并不好笑）、与众不同的待遇和注目——上层身份能带来资源、自由、空间、舒适、时间，并且重要的是，能够带来一种受人关注、富有价值的感觉。

——上层身份在许多人眼中是在世间所能取得的最美妙的利益（虽然很少有人公开承认这一点）。

006.

身份的焦虑

——身份的焦虑是一种担忧。担忧我们处在无法与社会设定的成功典范保持一致的危险中，从而被夺去尊严和尊重，这种担忧的破坏力足以摧毁我们生活的松紧度；以及担忧我们当下所处的社会等级过于平庸，或者会堕至更低的等级。

——这种焦虑由同事间的聊天中提到的辞职、裁员、晋升、退休等消息引起，由报纸上刊登的知名人士简介及友人更巨大的成功引起。如同承认自己嫉妒别人一样（这与焦虑情绪相联系），表现出自己焦虑的程度在社交中是一种轻率之举，因此，反映内心变化的外部迹象并不显著，通常仅限于在听到别人的成就之后露出关切的眼神、尴尬的微笑或者过长的沉默。

——如果说我们在等级之梯上的位置事关重大，这是由于我们的自我看法决定于他人对我们的看法。除了少数的几个人（比如苏格拉底、耶稣），我们依赖他人对我们表示出的尊重从而感觉到自己还不错。

——更令人遗憾的是，身份的获取是困难的，若想保有终生更是难上加难。除非是在注重出身的社会，而我们恰好拥有贵族血统，否则高位的获得就取决于成就的大小；蠢笨、缺少自知之明、宏观经济学原理的作用或是别人的恶意攻击，这些原因都可能导致我们失败。

——随失败而来的是耻辱感：一种腐蚀性的意识产生了，那就是我们没能使世界承认我们自身的价值，并因而沦落至怨恨成功者且自惭形秽的境地。

论题

——身份的焦虑对烦忧的产生来说具有举足轻重的影响。

——如同所有欲求一样，对身份的渴求有其效用：能激励我们竭力发挥自己的才能，促进卓越者，使我们远离社会中有不良癖好的人，强化归属于同一价值体系的社会成员身份。然而，同所有欲求一样，过分的渴求也是致命的。

——对待这个问题最为有益的方式兴许是尽力去理解和讨论它。

第一部分
焦虑起因

第一章　爱的渴求

追求显耀的身份

1

人为什么要追求显耀的身份？对此问题的回答几成共识：要言之，无非是祈财、求名和扩大影响。

然而，有一个显然不为权势规则所关注的字眼却能更准确地表述我们心中的渴慕，那就是“爱”。衣食一旦无忧，累积的财物、掌控的权力就不再是我们在社会等级中追求成功的关键要素，我们开始在意的其实是显耀的身份为我们赢得的“爱”。金钱、名声和影响只能视为“爱”的表征——或者是获取爱的途径——而非终极目标。

“爱”这一字眼，一般用于表述我们想要从父母或爱人那里得到的东西，怎么可以用来描述一种我们求之于社会，并受之于社会的诉求呢？也许我们应该同时在家庭、两性和社会三种范畴中寻求爱的定义，把它视为一个人对另一个人的尊重，以及对其存在的关注。获得他人的爱就是让我们感到自己被关注——注意到我们的出现，记住我们的名字，倾听我们的意见，宽宥我们的过失，照顾我们的需求。因为这一切，我们快乐地活着。你可以认为，与社会身份相关的“爱”有别于两性之间的爱，譬如它不具有“性”的成分，婚姻也不是其归宿，而且其施与者也通常有附带目的，然而，你并不能否认这种爱的接受者一样能沐浴在他者关怀的目光里，备感呵护，就像忘情于爱河中的情侣。

我们惯常将社会中位尊权重的人称为“有身份的人”，而将其对应的另一极呼之为“无身份的人”。这两种“标签”其实都荒谬无稽，因为人既以个体存在，就必然具有相应的身份和相应的生存权利。但这样的标签所传达的信息是显而易见的：我们对处在不同社会地位的人是区别对待的。那些身份低微的人是不被关注的—我们可以粗鲁地对待他们，无视他们的感受，甚至可以视之为“无物”。

由身份卑微所带来的影响不应该仅在物质层面上进行思考。只要能够维持生计，身份卑微的痛苦就远远不止物质上的局限，而主要在于他们意识到了自己身份的低下危及自尊感。只要不觉得羞辱，人完全可以长期过着艰苦的生活而毫无怨言，如士兵和探险家们，他们愿意过着一种极其艰苦简陋的生活，其物质之匮乏远甚于现今社会上那些最窘困的群体，然而，他们能熬过一切的苦难。为什么会是这样呢？因为他们清楚自己受到他人的尊重。

同样，由显耀的身份所带来的东西也不仅仅局限在财富上。一些非常富足的人仍孜孜以求地聚敛财富，尽管他们所拥有的已足够供其后五代人挥霍之用。如果我们坚持以理性的财务视点来分析他们，也许会对他们的狂热感到难以理解，但是，如果我们看到在积累财富的同时，他们其实也在赢取他人的尊重，我们就不会奇怪了。很少有人只是一味地追求高雅情趣，也很少有人只是耽溺于奢华享乐，但我们每个人都渴求一种生存的尊严。因此我们可以大胆假设，如果未来社会是凭着积攒小小的塑料圆片（而非金钱）来获取他人的爱，那么，要不了多久，这种我们现在看来毫无价值的小玩意就会成为所有人追求和渴望的焦点。

2

亚当·斯密在他的《道德情操论》(1759) 中说：

“我们在这个世界上辛苦劳作、来回奔波到底为了什么呢？所有这些贪婪和欲望，所有这些对财富、权力和名声的追求，其目的到底何在呢？难道是为了满足自然的需求？如果是这样，最底层的劳动者的收入也足以满足人的自然需求。那么人类的一切被称为‘改善生存状况’的伟大目的的价值何在？”

“被他人注意、被他人关怀，得到他人的同情、赞美和支持，这就是我们想要从一切行为中得到的价值。富有的人忘情于财富，是因为财富能够自然而然地为他吸引世界的目光。穷人则完全相反，他们以贫穷为耻。他们感觉到自己生活在世界的目光之外。一旦感到自己被世界所忽略，人类天性中最强烈的欲望将必然难以得到满足。穷人进出家门都不为人所注意，即使在闹市，他也会像独处在家一样默默无闻。而名流显贵们则不然，他们一直为世界所瞩目。所有的人都渴望能够一睹尊颜。他们的行为成为公众关心的对象。他们的片言只语、举手投足都不会被人忽略。”

3

每一个成年人的生活可以说包含着两个关于爱的故事。第一个就是追求性爱的故事，这个故事已经广为人知，并且得到人们详尽的描述，构成了音乐和文学的根本主题，被社会普遍接受和赞颂。第二个就是追求来自世界之爱的故事，这一故事更为隐蔽、更加让人难为情。人们提到它的时候往往采用刻薄的、讽刺的语言，好像只有那些生性嫉妒和有心理缺陷的人才会产生这样的需求，或干脆把对身份的追求简单地解释为对财富的追求。但第二个关于爱的故事在强烈程度上一点不亚于第一个，在复杂性、重要性和普遍性上也是如此，而且一旦失败，所导致的痛苦不会比第一个少。在第二个故事中也有令人心碎的时候，这一点可以从那些被世界定义为小人物的人们空洞、绝望的眼神中得到证明。

爱的重要性

1

威廉·詹姆斯在《心理学原理》（1890）中写道：

“如果可行，对一个人最残忍的惩罚莫过如此：给他自由，让他在社会上逍游，却又视之如无物，完全不给他丝毫的关注。当他出现时，其他的人甚至都不愿稍稍侧身示意；当他讲话时，无人回应，也无人在意他的任何举止。如果我们周围每一个人见到我们时都视若无睹，根本就忽略我们的存在，要不了多久，我们心里就会充满愤怒，我们就能感觉到一种强烈而又莫名的绝望，相对于这种折磨，残酷的体罚将变成一种解脱。”

2

爱之缺乏如何影响我们？为什么被人漠视能让我们如此“愤怒”、“绝望”，乃至最残酷的体罚对我们来说都可以是一种解脱？

他人对我们的关注之所以如此重要，主要原因便在于人类对自身价值的判断有一种与生俱来的不确定性——我们对自己的认识在很大程度上取决于他人对我们的看法。我们的自我感觉和自我认同完全受制于周围的人对我们的评价。如果我们讲出的笑话让他们开怀，我们就对自己逗笑的能力充满自信；如果我们受到他人的赞扬，我们就会对自己的优点开始留意。反之，如果我们进了一间屋子，人们甚至不屑于瞥上我们一眼，或者当我们告诉他们我们的职业时，他们马上表现出不耐烦，我们很可能会对自己产生怀疑，觉得自己一无是处。

当然，在一个理想世界中，我们可能更坚强一些。我们会固守自己的底线，不管别人是否在意我们，也不会顾虑别人的臧否。可能有人曲意奉承我们，但我们并不因此而自鸣得意；同样，只要我们对自身有清醒的认识，清楚自身价值所在，他人不公允的看待也不会伤及我们，因为我们清楚自己的地位和境遇。然而，我们对自己特性和品质的认识总是在一些相互矛盾的评价中飘忽不定。一会儿觉得自己聪明机巧、幽默风趣、一言九鼎，一会儿又觉得自己蠢笨如牛、了无情趣、一钱不值，在这种摇摆无定的情状下，我们对自身价值的判断完全受制于社会的态度——若得褒扬，我们就会感觉良好；反之，则痛不欲生。仿佛我们对他人的情感负有亏欠似的。

我们的“自我”或自我认知可以用一只漏气的气球来打比方——任何时候，我们都需要他人的爱（对于气球而言，便是源源不断的氦气）来填充自己的内心，而经不起哪怕是针尖麦芒大的刺伤。我们的情绪变得难以理喻，一会儿因他人的褒扬而开心，一会儿为他人的漠视而伤怀。同事的一句心不在焉的问候，几通没有应答的电话就可能使我们闷闷不乐；而如果有人记住了我们的名字，或送来一只果篮，我们又会觉得生活满洒阳光，人生何等惬意！

3

从感情和物质这两方面来看，我们通常都会对自己的地位产生焦虑，这并不奇怪。我们的地位决定了我们可能赢得多少世人的爱，而世人对我们的关爱又是我们看重还是看轻自己的关键。地位对我们都是至关重要的，它是打开关爱之宫的金钥匙：没有了他人之爱，人类将失去自信；没有了他人之爱，我们将难以按自己的秉性办事。

被漠视的后果	
别人的看法	自身的感觉
你是一个失败者	我丢人现眼
你无关紧要	我是一个小人物
你毫不起眼	我愚笨之至
	我聪明
	我受人欢迎
	我受人尊重

爱的结果	
别人的看法	自身的感觉
你充满智慧	我聪明
你很重要	我受人欢迎
你非常成功	我受人尊重
	我丢人现眼
	我是一个小人物
	我愚笨之至

第二章　势利倾向

1

未成年时，没人在意我们的所作所为，我们可以无条件地受人宠爱。我们可以吃得打饱嗝而无须顾忌，可以狂喊大叫而不顾他人感受，也可以不挣一分钱，不交一位有权有势的朋友，但是，我们还是周围人关注的中心。

一旦成年了，就意味着我们得在这满是势利鬼和冰冷面孔的世间争取一个位置，这些人的影响是使我们产生身份焦虑的关键所在。尽管也有朋友和爱人承诺永不抛弃我们——即便在我们破产和名誉扫地之时，他们也会和我们共同度过（有时候我们会真的相信他们）——现实却相当残酷：我们身边多的是势利小人，我们无时无刻不在他们势利的眼神下生活。

2

在英国，“势利”一词最早出现在 19 世纪 20 年代。据说它的产生还同当时牛津、剑桥大学的一种习惯相关。那时，牛津和剑桥大学通常会在考试名册上有意识地将普通学生同贵族子弟区分开来，习惯上在普通学生姓名旁注上“sine nobilitate”[1]，简略为“s.nob.”[2]。

“势利者”一词的本意是指没有显耀身份的人。但这种词义在现代发生了很大的变化，与当初的意思几乎完全相反，指一个因为他人没有社会地位而瞧不起他人的人。显然，人们使用它时赋予了它很强的贬义色彩，用它来描述一种对他人的歧视，而这种歧视又是极为错误，应当受到讥讽的。威廉·萨克雷的《势利人脸谱》（1848）是最早涉及这一话题的著述之一。他在文中指出，此前25年，势利者“已如铁路般延伸到英伦的每个角落。现在，在这个所谓日不落的大英帝国，你随时随地都能碰上这些势利鬼，并一眼就能认出他们”。但实际上，势利并非是什么新生事物，平等精神才是；在平等精神的观照下，传统的带有等级歧视的做法开始变得越来越不合时宜，至少在像萨克雷这类的知识分子看来是不合时宜的。

3

自那以后，人们开始越来越普遍地将势利者定义为那种带有过分社会和文化偏见的人，他们可以宣称一类人、一段音乐或一

1 拉丁语，意为“无高贵血统的”。

2 即现在英语中的“snob”，意为“势利者”。

种葡萄酒优于另一类。基于此种理解，势利者包括一切过分强调一定价值观念的人。

然而，把势利的意义限定为判定哪些人和事值得尊重的特定方式，这样或许更为准确。势利者最明显的特征其实并非是简单的社会歧视，而是在社会地位和人的价值之间完全画上等号。

从传统意义上看，尽管势利者对贵族阶级兴致盎然（这也难怪，因为“势利”一词出现在语言中的时候，贵族阶层正处于社会金字塔的顶层），但如果仅仅把对骑猎和绅士沙龙的热情视为势利的特性，则会极大地缩小势利这一现象的丰富内涵。在人类历史上，势利者对他们时代的所谓杰出阶层多有奉承，这些阶层包括士兵（斯巴达，前400）、教士（罗马，1500）、诗人（魏玛，1815）等。势利者最关注的无非是权力，一旦权力的分配发生了改变，他们所崇拜的对象亦会自然迅速地随之改变。

4

与势利者相处，可以使我们恼怒，也可以使我们紧张和气馁，因为我们会感觉到内心深处的自我如此渺小，也就是说我们身份之外的自我如此渺小，我们根本无力改变势利者对我们的歧视。我们也许有所罗门的智慧，有奥德赛的足智多谋，然而，只要我们不具备一种社会认可的身份和地位，我们所有这些优点都形同虚有，势利者只会漠视我们的存在。

年幼时，人都是赤裸裸地来到这个世上，一无所有，但他们仍受宠爱，而作为婴儿，他们是无法用世俗或物质的方式来回报那些爱他们的人。他们被宠爱、受呵护，而他们一无所有；他们可能不听话，大声嚎叫且使性子，但他们仍被宠爱。本质上，成人阶段的爱同幼年时期从父母那里获得的那种绝对的无条件的爱并无差别，正因为如此，势利者以身份取人的做法会让我们难以接受。

我们长大成人了，我们获得的爱转而取决于我们的成就：我们得彬彬有礼，在学校必须成绩优异，而后又须在社会上获得一定的地位和声望。这些努力也许能吸引别人的注意，但其动机和渴望其实相当平实，无非就是试图找回那种我们儿时曾有过的充分的、无条件的宠爱。从这个意义上看，我们努力争取的那些辉煌的成就，同儿时睁大无邪双眼，胖乎乎地坐在厨房地板上努力拼搭积木的行为并无二致。

由于我们对爱的渴求如此明显，所以只有那些最笨拙的势利者会承认他们交友是受到对方权力和声望的吸引。把对方的权力和声望作为邀请对方共进午餐的理由，不但显得不足信，而且会使对方觉得受了侮辱，因为一个人的权力和声望与我们最真实最核心的自我毫无关系，无须等到我们离世，我们就可能失去权力，变得寂寂无名，但我们如孩童般对爱的渴求却永不停歇。聪明的势利者则清楚他们应该让被奉承者知道他们在意的并不是被奉承者现有的尊贵身份和地位——如果说他们可能也注意到这些被奉承者作为外交大使时使用的轿车、报纸上关于他们生平的报道或者他们在公司里的董事头衔，那纯粹只是一种巧合，仅仅是他们对这些被奉承者深沉的、纯粹的敬意而已。

然而尽管这些势利者挖空心思，曲意奉承，但那些被奉承者很可能看出这些堂皇颂词背后的变化无常。被奉承者会离开势利者，因为他们害怕有朝一日，自己那与身份完全无关的真正的自我会被他们摸透。

5

势利者关注的只是他人的声望和成就。一旦他相熟的人的声望和成就有所改变，这些势利者很可能闻风而动，重新排定他所谓最亲近的朋友，从而上演一出出悲喜剧。

马塞尔·普鲁斯特的《追忆似水年华》（1922）一书中，在19世纪末的巴黎，一个雾罩的傍晚，身为中产阶层的叙述者赶往一家非常高级的餐馆去和他的一位贵族朋友共享晚餐。他的朋友是德·圣卢侯爵。他先到了餐馆，而他的侯爵朋友稍稍来迟。他到餐馆时，餐馆的招待见他穿着寒酸，听姓氏也非名门望族，断定是一个小人物来到了他们的地盘。他们表现得相当倨傲，把他领到一个在寒风口的桌位，对他的服务一点也谈不上殷勤。

大约一刻钟后，侯爵到了，认出了他的朋友，在餐馆工作人员的眼里，叙述者的地位迅即上升。餐馆经理开始对他深鞠躬，帮他打开菜单，并讨好地用华丽的词汇向他介绍当天的特别菜肴，甚至还称赞他的衣着，竭力地想让他不要将这些特别的殷勤同他和侯爵的关系联系起来，有时还莞尔浅笑，似乎想表示这所有的殷勤都是源自内心对叙述者的尊敬。当这位叙述者想要一些面包时，餐馆经理立即双脚并拢，大声说道：

"'没问题，男爵先生！''我不是男爵，'我对他说，语带嘲讽，也有一丝悲哀。'哦，该死！没问题，伯爵先生！'我还没来得及做第二次申辩，他就走开了。可以想见，如果有了第二次申辩，我一定会晋升到侯爵了。"

不管餐馆工作人员对这位叙述者的态度的转变看起来是多么令人满意，其意义还是微乎其微，因为餐馆经理根本就没有改变他极为势利的价值判断。他只是在他的残酷的标准之内作了一些变通——而在现实生活中，我们很难有机会碰到一个德·圣卢侯爵或什么魅力十足的王子来向世人证明我们一样有高贵的心灵。我们在更多的时候是要坐在寒风口的桌位上"享用"我们的晚餐。

6

报纸会使这一情况变得更加糟糕。势利者通常并无独立的判断能力，他们无非是捡拾那些所谓的社会名流的牙慧。因此，势利者的观点和立场在极大的程度上受报纸导向的影响。

萨克雷曾指出，英国人对显耀身份和贵族特权如此看重，从英国的报纸中可见一端。英国的报纸每天谈论的不外乎是贵族及名流的地位和声望，同时暗示普通百姓生活的琐屑和无聊。他觉得最荒谬的莫过于这些报纸中的“宫廷活动”版，总是虔诚地刊载关于舞会、假日的消息，或者是“上流社会”何人喜得贵子，又有哪家成员去世之类的报道。例如，就在他 1848 年 10 月发表《势利人脸谱》一文的那几天，《晨邮报》的“宫廷活动”版刊载的消息就包括：布鲁厄姆勋爵将在布鲁厄姆庄园举办游猎晚会；阿格尼丝·达夫夫人即将在爱丁堡分娩；乔治娜·帕克南小姐和伯利勋爵举行了婚礼，并详细地描写了乔治娜婚礼时的情形：“她光彩照人，穿的是有荷叶花边的缎子礼服，还有不少饰花。毫无疑问，她看上去极为尊贵。”

“如果你天天阅读的就是这样一些梦呓一般的东西，你又如何能不成为一个势利者？”萨克雷批评说：“扔了吧，扔掉这些报纸！这些势利的发动机和鼓吹者！”如果我们把萨克雷的观点更推进一步，如果这些报纸能够少刊登一些诸如阿格尼丝·达夫夫人和她即将出世的婴儿的无聊话题，代之以发掘日常生活中的不平常意义，我们所有人对自己身份的焦虑将在多大程度上得以缓解啊！

7

深藏在我们内心的害怕其实才是势利产生的唯一根源，看清了这一点，我们也就能对势利有清楚的认识。对那些对自己的地位非常有把握的人来说，他们没有心思去把成心矮化他人当作某种消遣。傲慢的背后藏着的无非就是恐惧。由于总是感觉自己不如别人，因此才要想方设法让别人觉得他不如自己。

这种害怕还能世代相传。同人类所有的陋习一样，势利者也是代代相承。上一辈的人定会向下一代灌输低下的社会地位就是一种悲剧的观念，使下一辈不可能在感情上轻易摆脱低下的身份就意味着平庸，高尚的身份就意味着卓越的思维定势。

1892 年的《笨拙》周刊上刊登了一幅幽默漫画，时间是一个春天的上午，地点是海德公园，有两家人正在公园漫步。漫画上有这样的对话：

"妈妈，看，斯派塞·威尔科克斯一家走过来了！"一个女儿对着妈妈喊道，"有人告诉我，他们很想和我们攀上关系。我们是不是可以和他们打声招呼？"

"傻丫头，那怎么成？"妈妈回答说，"他们这么想结识我们，这就表明他们根本不值得我们结交。只有那些不想结识我们的人，才值得我们去结交！"

显然，这位妈妈的回答显示了她内心根深蒂固的势利。除非这位妈妈能彻底根除这个痼疾，否则她断无可能对斯派塞·威尔科克斯一家产生好感——同样，她的后代也不太可能摆脱这种因袭的势利（其实是一种源于害怕的心态）的循环。

然而，单凭个体的力量很难挣脱势利的桎梏，因为势利的病征是群体性的。年轻一代开始也许会对势利反感，但这还不足以将人类从势利的桎梏中解救出来，因为这很可能使他们渴望博得

“妈妈，看，斯派塞·威尔科克斯一家走过来了！”一个女儿对着妈妈喊道，“有人告诉我，他们很想和我们攀上关系。我们是不是可以和他们打声招呼？”

“傻丫头，那怎么成？”妈妈回答说，“他们这么想结识我们，这就表明他们根本不值得我们结交。只有那些不想结识我们的人，才值得我们去结交！”

那些轻看他们的上层阶级的好感，因而也变得势利起来（我们可以不喜欢某些人，但这并不意味着我们不想讨得他们的欢心）。由此可见，杰出阶层的势利观念足以影响整个社会，使所有的人为了赢取别人的爱和认可而开始热衷于那些他们原本毫无兴趣的所谓追求。

势利倾向源于对尊严的渴求，而这种渴求时常伴随挫折和恐慌，我们真应该报以理解和遗憾，而不是一味去苛责。

但有时候，我们还真的很难不去嘲笑某些势利者，他们热衷于显示自己同名流显要的交往，急切想让人知道他家有纯金做的水龙头，他们以为这样就可以抬高他们的身价。长久以来，维多

杰克逊–格雷厄姆公司制作的装饰有金牛的雕花橡木橱柜，伦敦，1852 年

利亚风格的家具可以说是一堆毫无品位的东西，它们主要的制作商是伦敦的杰克逊-格雷厄姆公司，风格艳俗夸张，最典型的就是它的橡木橱柜，柜面上雕有一群正在摘葡萄的小男孩，还有两根刻有女像的柱子和一套刻花的半露柱。当然，最过招摇的还是橱上那只60公分高的镀金公牛。

我们也许会对买下这样一件家具的人极尽揶揄之能事，然而在我们嘲笑他们之前，我们其实应该设身处地，以更宽广的视野思考这样的问题：为什么有厂商要生产这样的家具？又为什么有人要买这样的家具？这样，我们也许不再拿这些买主打趣，因为该责备的正是我们置身其中的社会——是我们的社会预设了这样一种规范，让我们每个人都从心理上相信买下这样的橱柜是必要且值得的，因为这种过分雕琢、近乎怪诞的摆设能赢来别人的敬意。人们追求奢华，与其说是出于贪欲，倒不如说是源于一种情感上挥之不去的心结。往往是那些担心被人看不起的人，为了使自己不会显得太过寒碜，才会添置这样一件特别的家具，借此传出一种信息：我也应该得到尊重！

8

在势利社会里，如果一个身份低下的人所遭受的痛苦，在物质层面表现为贫困的话，那么被人忽略、受人白眼则是这些缺乏重要身份标志的人们在精神层面上所遭受的痛苦。

第三章　过度期望

物质进步

1

1959 年 7 月，美国副总统理查德 · 尼克松到莫斯科为美国的一个展会开张剪彩。这个展会主要展示了美国在科技研发和物质建设方面所取得的成就，其中的一个亮点就是专门复制了一个样板房，陈列美国普通工人家居的全貌：地上铺满了地毯，客厅里摆放了电视机，有两个厕所，装有中央取暖器，厨房里还有洗衣机、滚筒式烘干机和冰箱。

在对美国的展会进行报道时，一家苏联报纸激愤地指出，一个普通的美国工人家庭根本就不可能过上如此奢华的生活，要求它的读者认清楚这不过是美国政府的宣传而已，并揶揄地把它称为“泰姬陵”。

当时，尼克松带领苏联领导人赫鲁晓夫参观了展会，赫鲁晓夫显然对其真实性表示怀疑。在它的厨房外，赫鲁晓夫看见了一个电动柠檬榨汁器，并向尼克松表达了他的感受：一个头脑稍稍正常的人是不会想到弄来这样一个“怪物”的。

尼克松回应说：“任何能帮助妇女减轻其繁重家务的东西都

在莫斯科举行的美国产品展会上，尼基塔·赫鲁晓夫与理查德·尼克松在被称为“泰姬陵”的厨房外面，1959 年

是有用的。”

赫鲁晓夫怒气冲冲地打断了尼克松的话，厉声说道：“在你们资本主义制度下，妇女都是工人；在我们国家，根本就不是这么回事！”

那天晚上，稍晚些时候，尼克松受邀在苏联电视台发表演讲。当然，他免不了要利用这样的机会来宣扬美国生活的优越性，不过，他很讲求技巧，并没有直奔主题，说美国如何民主，人权如何得到了保护，而是先从美国人所拥有的财富和所享受的物质生活说起。尼克松说，西方国家的人民在短短的数百年间，通过勤奋创业，在18世纪中叶就已经基本消灭了贫穷和饥荒，而在世界其他很多地方，人们仍生活在贫穷之中。他告诉苏联的观众——当时的苏联人都很少有自己家的浴室或淋浴器——现在美国人拥有5 600万台电视机，1 430万只收音机，有约3 100万的美国家庭购买了自己的房子，他们每年能添置9套正规的衣服和14双鞋子。在美国，供人们选购的房子可以有近千种不同的建筑风格，而且这些房子多数都比电视演播室还要宽敞。赫鲁晓夫当时就坐在尼克松身旁，他狂怒地握着拳头，不时地嘟噜：“放屁！放屁！”——有一篇报道提及，他当时还轻声地骂了一句：“操你奶奶的。”

2

然而，尼克松并没有撒谎。在他发表演说之前的200年间，西方各国人民的生活水准得到了空前的提高，人民生活的变化之大和提升之快，在人类历史上是前所未有的。

在中世纪及近代早期，西方各国人口中占绝大多数的还是农民阶层。他们大都生活贫困，营养不良，饱受饥寒和恐惧之苦，死神也常常纠缠着他们。他们通常活不过 40 岁，死前还往往免不了病痛的折磨。劳作了一生，他们最值钱的家当也不过是一头牛、一只羊或一只铁锅。在那个时期，饥年不断，百病丛生，常见的就有佝偻病、溃疡、肺结核、麻风病、脓肿、坏疽、肿瘤和马蹄疮等。

3

到了 18 世纪初，英国引导了西方世界的关键性变革。由于采用了新的农业技术（如轮作制、科学喂养牲畜和土地综合利用等），农业产量大幅度提高。从 1700 年到 1820 年，英国的农业产量翻了一番，不仅积累了大量资金，而且解放了大批劳力。这些资金和劳力开始流往城市的工业和商业。蒸汽机和织布机的发明改变了人们的工作方式和社会观念。城市的规模迅速膨胀。1800 年在英国，伦敦是唯一的一个人口超过 10 万的城市，但到了 1891 年，人口超过 10 万的城市就有 23 个。先前只有上等人才可能得到的物品和享乐，如今普通百姓就能享用。先前的奢侈品，逐渐变成了上档次的东西，而原先上档次的产品逐渐变成了生活必需品。18 世纪上半叶，丹尼尔 · 笛福游历英格兰南部时就目睹了一些大型商场的开张剪彩。他在游记中写道，这些商场都有非常迷人的橱窗，里面的商品更是琳琅满目，让人流连忘返。在人类历史上，服装的式样在很长一段时期里都是间隔了几十年甚至更长的时间才会有所变换，然而到了 18 世纪中叶，每年都有不同的服饰潮流（如 1753 年时尚的女装流行紫色调，1754 年则转为有粉红图案的白色麻质面料，而接下来的 1755 年，是浅灰色调引领时尚）。

到了 19 世纪，英国生活消费方面的变革继续扩展、深化。在欧洲和美洲也出现了很多新的特大型商场，如巴黎的博恩百货公司和春天百货公司、伦敦的塞尔弗里奇百货公司和怀特利百货公司、纽约的梅西百货公司等。

这些商场面向普通民众，而里面提供的商品在先前却只有皇室才能享用。1902 年，芝加哥 12 层楼的马歇尔 · 菲尔德百货公司商场开张了，在其剪彩仪式上，商场经理戈登 · 塞尔弗里奇声称："我们建造了这个巨型商场，面向的就是普通百姓。我们将致力于使这个商场成为普通百姓的商场，成为他们在市区里的家和购物大本营。"他还说，这个商场绝非只是为那些"感觉良好的富人"提供服务。

这个时期的大批科技发明也极大地改变了人们的生活，改变了人们的思想观念：旧的对世界的看法——以为生活日复一日，年复一年地只是循环往复，以为来年只是和今年一样（也就是一样糟糕）——已经让位于一种积极向上的世界观，人们坚信生活会不断进步，直至完美。下面就是这些科技发明中的几种：

巴黎的博恩百货公司的中央楼梯，1880 年

玉米片　1895 年 J · H · 凯洛格申请了此项专利。完全是出于巧合，凯洛格得到了这样一个主意：在疗养院，他为室友准备一份各种谷物掺杂的食物时，由于处理不当，这些杂物都变硬，且碎成片状，他就有了制作玉米片的想法。

开罐刀　1870 年有了专利。

安全别针　发明于 1849 年。

缝纫机　1851 年由 I · M · 辛格发明。从 19 世纪 60 年代人们越来越倾向于购买成衣。19 世纪 70 年代开始有了机器生产的内衣。

打字机　发明于 1867 年（1883 年马克 · 吐温的《密西西比河上》是第一份用打字机打出来的手稿）。

加工食品　到了 19 世纪 60 年代，英国的克罗斯—布莱克威尔公司每年就生产 27 000 加仑的番茄酱。19 世纪 80 年代初，化学家阿尔弗雷德 · 伯德发明了一种不含鸡蛋的牛奶蛋糊。19 世纪 70 年代有了牛奶冻，90 年代，果冻也问世了。

照明　19 世纪 30 年代硬脂蜡烛开始取代了先前的油脂蜡烛，照明时间大为延长。

卫生设施　1846 年，道尔顿开始生产涂有釉层的陶制水管，为大城市的地下污水处理带来了革新。到 19 世纪 70 年代后期，欧洲和美洲开始有了公共厕所。乔治 · 詹宁斯于 1884 年发明的"坐式马桶"引起了轰动，因为正如它的广告所声称的"能用仅仅 2 加仑的水冲走 10 只苹果和一大堆松蛋糕"。

电话　亚历山大 · 格雷厄姆 · 贝尔于 1863 年发明了电话。

乔治·詹宁斯发明的坐式马桶，1884 年

干洗　1849年由巴黎的一名叫贝林的裁缝发明。他不小心将松油泼到桌布上，发现松油溅到的地方，原本有的污渍消失了。1866年，在英国的珀斯，普拉斯一家人改进了贝林的干洗液，代之以石油和苯的混合物，并开始在英国提供两天便可取衣的邮寄干洗服务。

4

到了20世纪，物质生活的进步更加迅猛了。普里斯特利在他的《英国旅行记》一书中描画了正在成型的全新英国，国内的道路四通八达，到处都是独立的小平房；在这里，哪怕是最普通的工薪阶层也能读到各种小报，能通过收音机收听节目，在闲余时间逛商店，而且相信自己的收入会逐年增加。他在书中写道："在英国，老百姓第一次能过上和他们的老板差不多一样的生活。"

乔治·奥威尔在他的《狮子和独角兽》(1941)一书中也记下了物质进步的各个方面：

"几乎所有西方国家的公民现在都一样能使用便捷平坦的道路，享用清洁无菌的水，受到警察的保护，免费使用图书馆，还很有可能得到免费的教育。在很大程度上，穷人能和富人阅读同样的书籍，观看同样的电影，收听同样的节目。因为是大批量的生产，服装不再昂贵，再加上居住条件的改善，穷人和富人在生

一个民主消费的革命性事件：胡佛牌真空吸尘器广告，1933 年 2 月

活方面的差异日渐缩小。要想寻找英国未来的雏形，你只须在那些轻工业区和公路沿线溜达一圈就可以了。不管是在斯劳、达格纳姆、巴尼特，还是在莱奇沃思、海斯，事实上，在任何大城市的郊区，你都能发现旧的生活模式已经日渐为新的模式所替代。在那些由玻璃和砖石砌成的新型城区里，人们的生活已然缺乏文化上的情趣。人们变得浮躁不定，和他们生活密切相关的无非是听装食品、宣传海报、收音机和内燃机等。”

有人问富兰克林·D·罗斯福，如果要让苏联人知道美国人生活的舒适和优越，他会向苏联人推荐一本什么书？罗斯福的答案是：西尔斯公司的广告宣传册。

第二次世界大战后，世界经济再次腾飞，西方各国，特别是美国，顾客的地位最高，同时受广告骚扰也最多。

在美国各地，设有空调的大型购物中心大量建成，人们可以在这些购物中心转悠上一整天，人们对生活的新需求也不断地涌现。1950 年明尼苏达的南溪谷购物中心正式落成营业，它的广告词是“每一天都是南溪谷的完美购物日”。

统计资料显示，到了 20 世纪 70 年代，美国人在购物中心转悠的时间最长，仅次于他们的工作时间和待在“泰姬陵”般的家里的时间。

安德烈亚斯·古尔斯基 99 美分店，2000 年

99
3:99

西尔斯公司的广告宣传册，1934 年春天

平等、期望和妒嫉

1

两千年的西方文明发展到了近代，在西方各国显现了相似的优越性：财富迅猛增加，粮食产量极大提高，科技知识突飞猛进，消费用品极度丰富，生理保健高度加强，预期寿命大为提高。商机无处不有。物质的进步是如此令人炫目，然而，同时出现的还有一种不太明显的、让人困惑的现象，那就是西方各国普通民众对自己身份的焦虑不断加剧，他们越来越在意自身的重要性、成就和收入，对此，尼克松在其对苏联人的演说中却只字未提。

令人奇怪的是，人类物质方面的实际拥有极大地丰富了，随之而来的竟然是一种挥之不去且愈显强烈的“一无所有”的感觉，以及对这种感觉的恐惧！同那些在中世纪的欧洲大地上辛勤耕作却对岁尾收成毫无把握的祖先比起来，现在的生活富有且充满机遇的这些欧洲后裔们对身份的焦虑、对所有之物的担忧远甚于他们的祖先。

2

如果考虑到人们对“怎样才算足够的”判断标准中隐含的心

理情愫，他们这种对“一无所有”的忧虑就并不奇怪了。我们从来就不会孤立地形成我们对事物（如财富和社会尊重）的相应期待，我们的判断必然有一个参照群体——那些我们认为和自己差不多的人。只有同他们比较，我们才能确定我们合适的期待视野。我们不可能孤立地欣赏自己拥有的东西，也不可能通过与中世纪祖先进行比较来衡量我们现在的拥有。同样，我们也不可能仅仅因为自己身处一个繁荣富足的历史时期而沾沾自喜。只有当我们所拥有的同儿时的朋友、现在的同事、我们看作朋友的人，以及在公众领域与我们身份相当的人一样多，甚至还要略多一些时，我们才会觉得自己是幸运的。

即使我们所拥有的只是一间透风漏雨、周围环境极差的小屋子，但只要我们清楚和自己层次相当的人的生活情形也大致如此，这时，虽然我们也了解另外一个残酷的事实，即社会中的贵族住在规模宏大的庄园里，房间还有暖气供应，我们还是能认命并接受这一现实，对自身的处境亦无太多的哀怨。我们当然会觉得自己是不幸的，但这还不足以成为滋生妒嫉的温床。如果我们有了一个融乐的家庭，一份舒适的工作，但我们在一次同学聚会上发现一些老同学（再也没有任何群体比旧时的同学更堪为比照群体了）住的房子比我们大，工作更优裕，我们回家后反倒更容易生发强烈的不幸感。

如果我们的比照群体比我们更加优越，更有成就，我们感到自己原本应该取得更大的成就，从而，焦虑，甚至愤恨会接踵而

来。我们也许矮小，但如果我们是生活在一群矮人之中，那么，我们就不会为自己的矮小而烦恼。道理就是如此简单。（如图 1）

图 1

然而，如果情势变了，我们这群人中有人比我们略高了一些，虽然我们还是那样高，并不曾矮了一寸，我们很可能会突然不自在起来，对自己心生不满，进而妒嫉他人。（如图 2）

图 2

我们每天都会经受许多不平等的对待，但我们并不会因此而妒恨每一个比我们优越的人，这就是嫉妒的特别之处。有些人的生活胜过我们千倍万倍，但我们能心安无事；而另一些人一丁点的成功却能让我们耿耿于怀，寝食不安。我们妒嫉的只是和我们处在同一层次的人，即我们的比照群体。世上最难忍受的大概就是我们最亲近的朋友比我们成功。

3

在《人性论》(1739)中，戴维·休谟这样写道：

“产生这种妒忌的不是自己与他人之间的远远不成比例，反而是我们的互相接近。一个普通的士兵对他的将领不如对军曹或班长那样妒忌，一个卓越的作家不会遭到一般平庸的小文人的多大妒忌，却会遭到和他地位相近的作家的妒忌。的确，人们也许会以为越是不成比例，比较之下所感到的不快必然越大。但是我们可以在另一方面考虑，远远不成比例，就切断了关系，或者使我们根本不与我们距离很远的人物比较，或者就减弱了比较的效果。”

4

因此，我们把更多的人看作同一级别，可以与之相比较的，我们为之妒嫉的人也就越多。

18、19世纪政治和消费生产的巨大进步尽管极大程度上改善了人类的物质生活，但同时也为人类心理造成了难言苦痛，因为同社会体制和生产进步一起伴生的还有一种全新的理想——每个人都深信人生而平等，每个人都深信自己有足够的实力去实现自己的任何理想。

在人类历史上长期存在的主导观念却同这种新的人人平等的思想完全相左：人与人之间的不平等才是正常的；随遇而安、知足常乐才算明智。绝大多数的人深知在现实生活中他们只能接受剥削，而且逆来顺受，只有极少数的人渴望财富和实现自己的抱负。

早在公元前350年，亚里士多德在其《政治学》中就宣称："显然，一些人天生是自由的，而另一些人天生就适合做奴隶。对这些天生适合做奴隶的人而言，奴隶制度不只是可行，也是无可厚非的。"他的这一观点几乎得到了所有古希腊、罗马思想家和执政者的赞同。在古代，奴隶和底层民众通常被视为缺乏理性，与动物无异，天生就适合过悲惨贫苦的生活，就像黄牛正适合于拖着沉重的犁耙埋头耕地。对那些精英而言，让这些奴隶享有权利，或者认为他们可以追求幸福的想法都是荒谬的，其荒谬程度不亚于探讨锤子或镰刀的思维状态和幸福水平。

就是这些被压迫的底层人民也认为人与人之间的不平等是合理的，至少是不可改变的。在罗马帝国后期，基督教就开始传播。基督教义宣扬社会阶层之间的不平等是正常的、不可改变的，而许多的底层人民接受了这一教义，接受了社会对他们的不公。尽管基督教教义也宣扬平等的观念，但基督教政治理论家几乎都回避了这样一个问题：为了使上帝的信徒能公平地享用世间的财富，我们是否可以对世间的社会等级结构做些改革和调整？是的，在上帝面前我们每个人都是平等的，但这并不表明我们在尘世就可以追求人与人之间的平等。

对神学家而言，理想的基督社会应该是教皇统治下等级森严的社会，这正反映了天国的秩序。在天国，上帝掌控一切，上至

中世纪的等级想象图。雅各贝罗·德·菲奥雷：《天堂的圣母加冠》，1438 年

天使，下至蟾蜍。同样，上帝也掌控现世的一切，上帝指派尘世的各级统治者，他也安排了所有臣民的地位和等级。人世的统治者在尘俗的地位有如上帝在天国的至尊，人世的一切人众，上至王公贵族，下至村野农夫，均应听命于他们的君王。正因为有如此森严的等级制度，所以，我们很难把中世纪的英国贵族们对比他们地位低下的人表现出来的态度称为“势利”。只有平等观念开始深入人心，“势利”这一带有贬抑和歧视色彩的用语才可能出现。

在中世纪，一代又一代的人把这种森严的等级制度视为天经地义。约翰·福蒂斯丘是英国15世纪的一位法官。他认为：“任何天使，不论其地位的尊卑，相对于比他等级高的天使，都是卑微的；而相对于比他等级低的天使，他是尊荣的。人世间一切也是如此，不管他是人还是虫，他也注定比某些生物尊贵，又比另外一些生物卑微。”对于当时的主流意识，如果有人胆敢质询为什么有些人注定要在农田里辛勤劳作，而另一些人又命定要在宫廷里饮酒作乐，那么他便是冒天下之大不韪——因为他挑战的是造物主的旨意。

（索尔兹伯里的）约翰[1]因为在《论政府原理》（1159）一书中将社会比作身体的各个部位而闻名遐迩，成为最著名的基督教作家。他用人体的部位来比照社会制度，借此强调社会等级的正

1 John of Salisbury（1110—1180）：英格兰拉丁语学者，夏尔特尔主教，著《教廷史》。

当性。他认为，国家的每个组成部分都可以对应人体的相关部位：最高统治者对应人的头颅；国会对应心脏；法院对应两肋；法官和各级官员对应眼睛、耳朵和舌头；财政部对应胃肠；军队对应双手；底层工人和农民则对应双脚。他试图说明这样一个道理，每个人在社会上都有自己的位置，这个位置是不可更易的。既然命定在某个位置上，他就必须安分守己，不可有非分之想，因此，一个农夫断不可痴想住进一所庄园并染指国政方略，因为这有如让一个脚指头来充任人的眼睛，非常荒谬，也绝无可能。

5

只是到了 17 世纪中期，欧洲的政治思想才开始对平等的理念进行思索和探讨。

1651 年，托马斯·霍布斯在其著作《利维坦》中指出，个体的存在先于社会的出现。个体是为了自己的利益才加入社会组织中，他们放弃自己的一些自由和权利，来换取社会的保护。这一革命性的论述在几十年后又在另一学者约翰·洛克笔下得以强调。在其专著《政府论两篇》（1689）中，洛克指出上帝并没有把地球作为私有财产给予亚当，而是把地球给予了世间所有的人，期冀所有的人都能从中获得幸福和财富的机会。他认为，统治者应该是人民的工具，人民是否应该服从他们，完全取决于这些统治者是不是为广大民众谋福利。这样，一个让人震惊的现代观念诞生了：政府的正当性在于它们能在多大程度上提高国民获得幸福和财富的机会。

大约经过了一个半世纪的纸上谈兵，终于在1776年美国革命后，所有对政治的平等和在社会、经济方面机遇均等的呼吁在实际生活中得以实现。在西方历史上，美国革命在这方面的意义也许最为深远（比其后的法国大革命还要重要），即这场革命彻底改变了排定身份的基础，世袭的贵族统治废除了，取而代之是充满活力的以经济为基础的社会制度。在贵族统治制度下，社会提供的提高社会地位的机遇很少，人在社会中的地位完全取决于他的家族历史和名望；而在新的社会秩序下，人的社会地位只与每一代人的自身成就相关，特别是他们在经济方面的成就。

到了1791年，地理学家莫尔斯把新英格兰描写成这样一个地方："在这里，每个人都至少认为自己不比他的邻居差，而且坚信所有的人都应该享有同等的权利。"在美国，甚至礼节规范也凸显了民主。仆人们不再称他们的雇主"主人"或"夫人"，先前对上层的一些尊称如"阁下"也被废除。美国各州都废除了长子继承权制度，女儿和寡妇也都享有平等的继承权。1778年7月4日内科医生和历史学家拉姆齐发表了《关于美国独立的积极意义的演讲》。在演说中他把美国革命的目标表述为创建一个新的社会，在这个社会里，"所有政府职位对那些德才之士开放，至于他们的出身和当前身份并不重要。这个国家的最高执政者也可能出生在一个最贫寒的家庭，只要他具有履行这一重要职责的必要素质"。

托马斯·杰斐逊在其自传中也有近似的表述。他说他的一生都在致力于建设一种新的社会秩序，取代旧的倚仗特权而且往往愚不可及的贵族统治制度，“使那些德才兼备的精英们能脱颖而出”。

在《草叶集》（1855）中，沃尔特·惠特曼指出，美国之所以伟大，是因为在那里人人平等，不需要屈从任何的权威：

“在美国，天才也许并不存在于政府机构、立法机关，不存在于驻外领馆、作协、高等学府、教堂或各种高级俱乐部，也不存在于报馆和商界……合众国的天才的最佳表达者是普通人……与地位比他们高的人相处，这些普通民众不知手足无措为何物。选举的影响是巨大的——总统向他们脱帽而不是他们向他致敬……”

6

让人料想不到的是，即便是那些对物质进步和民主革命心怀赞美的人也不得不承认，他们创建的这个新的现代社会已经遇上了一个特别的难题。阿列克西·德·托克维尔是第一个认真思考这一问题的思想家。

19 世纪 30 年代，这位法国律师和历史学家在年轻的美国旅行时，看到有一种人们未曾料及的“疾病”正在蚕食这个新国家的每个公民的心灵。的确，美国人非常富有，但这种富足并不能阻止他们想要获得更多，一旦发现别人拥有自己所没有的资产时，他们便寝食不安。在《论美国的民主》（1835）一书中，托克维尔用了一章的篇幅（“为什么富足的美国人常常如此焦躁不安？”）精到地分析了“永不知足”同“过高期望”以及“妒嫉”和“平等”之间的关系：

“世袭的特权没了，与生俱来的财富也没了，一个人可以选择任何职业，这时，一个雄心勃勃的人当然会自命不凡，觉得自己可以从事一项更重要的职业。然而，这一切纯然是一种幻觉，现实的生活很快会让他清醒过来。以前，不平等是社会的普遍规律，因而即使再严重的不平等也不会引人注意。而现在平等了，人和人之间差异甚少，正因为如此，哪怕是细微的差距也变得明显起来……为什么生活在这个民主富足的国度里，人们仍有一种莫能名状的烦愁？这就是原因。为什么这里的人民生活平静安逸却又时时会诅咒生活？这也是原因之所在。在法国，我们担忧的是日渐升高的自杀率。在美国，自杀较少见，但据说精神病人却比任何国家多。”

当然，托克维尔非常清楚贵族统治制度的局限性，他并非想要回到1776年或1789年前的社会里。他看到了西方现代社会里广大民众的生活远胜于中世纪生活在社会底层的广大民众，然而，他也指出中世纪底层的民众却享有一种精神的宁静，这是现代的人们永远无法得到的。对此他颇觉欣慰：

“由皇室和贵族统治的国家尽管有其缺点，但在那样的社会里也有一些乐趣是现代人很难想见的。由于从没有构想过另一种社会形式，每个人仅仅了解自己的身份，而从来没有想过还会有可能改变自己的身份，所以他们绝不会产生和自己的上级或主人平起平坐的期望，因而那时的人们不会对自己的权利有任何怀疑。对他们的艰苦境遇，既无敌对反感之情绪，也无堕落蒙羞之心态，因为他们相信一切都是天定，他们只能接受。农奴的地位非常低下，但他们把自己的命运视为自然的法则。正因为如此，尽管不同阶层人民之间的命运如此迥异，但各个阶层之间并无恶意。你可以在这个社会看到很多的不平等，但你不会看到人们的心灵会因此而蒙羞。”

但是，一个民主的社会拆去了所有束缚人们梦想的樊篱。一个人也许生活拮据，在物质方面远不如人，但这并不妨碍他们从理论上觉得他和任何人都是平等的。托克维尔写道：“在美国，我遇到的每一个人，不管多么穷困潦倒，他们眼里都写满希望，同时心里无不对富人们的安逸舒适心生妒嫉。”贫穷的国民打量着邻近街区里的富人们，坚信有一天自己也会过上富人们的生活。当然，他们的梦想并非完全是空穴来风，因为确有不少出身寒门的美国人取得了相当的成就。尽管如此，例外并不代表普遍情况，美国仍然有生活在底层的人们。同先前的贵族统治制度下的穷人不同，美国底层的人把他们差强人意的生活现状归咎于期望的泡汤或理想的受阻。

以仆人对主人的态度为基点，托克维尔认为，民主社会与贵族社会对贫穷的看法大相径庭。在贵族社会里，底层的仆人能泰然地接受他们的命运，用托克维尔的话来说，他们能“愉快地生活，对自己的工作感到自豪，同时也不失自尊”。然而，在一个民主社会里，有的只是报刊和社会舆论没完没了的鼓噪，让每个生活在底层的人都相信他们总有机会攀上社会金字塔的塔尖，有机会成为实业家、大法官、科学家，甚至是总统。这种无限机遇的论调在一开始也许能给人一种盲目的乐观，对那些底层的年轻人尤甚。但在他们之中，只有极少数最优秀的幸运儿才有机会脱颖而出，实现他们的梦想；而多数的人，随着时间一天天过去，他们并不能改变自己的身份，正如托克维尔所言，他们会转而变得意志消沉，内心极度痛楚，并轻贱自己，同时也憎恶自己的顶头上司们。

直到 18 世纪，几乎在所有西方国家，实施的还是森严的等级制度。在这种社会制度之下，除极少数例外情况，社会个体几无改变自己身份和地位的可能。这种（索尔兹伯里的）约翰和约翰·福蒂斯丘所高度颂扬的社会制度，从各个方面来说，都显然是极端不公正的，但它却让那些社会底层的人们有了一种自在和自由：他们不必将自己同社会中其他的人所取得的成就进行比照，因而，在心理上他们并没有感到自己严重缺乏社会身份，也没有如今底层人们那种强烈的一无所有和一无是处的焦虑。

7

在托克维尔对美国进行考察数十年后，对这个问题予以关注的是一个美国人——威廉·詹姆斯。他从心理学的角度探讨了这种因社会使每一成员产生无限期望而带来的困扰。

詹姆斯认为，对自己感到满意，并不要求我们在任何领域都取得成功。失败并非任何时候都会给我们带来羞辱，只有某件事情我们不仅尽力而为了，而且在一开始就觉得此事关涉我们的自尊和成就感，结果却还是做砸了，这时我们才会觉得羞愧。因此我们对自己设定的目标决定了我们对成功和失败的解读。詹姆斯，这位哈佛的心理学教授，曾经期望自己成为一位杰出的心理学家。如果不能实现这一理想，他会觉得自己颜面顿失。因此，他承认自己必定会妒嫉那些在心理学方面比自己更有研究的人，并感到羞愧。然而，如果有人能翻译整部《会饮篇》，而他费尽心思甚至还弄不明白该书的起首几行文句，对此，他倒不会有什么不自在，因为他从未立志学习古希腊文字。詹姆斯认为：

“对于我们未曾想去尝试的事情，就不可用成败来衡量；既无失败，何来羞辱？人生在世，我们的自尊完全受制于时时鞭策我们的理想以及我们为理想所付诸的行动，取决于我们实际的现状同我们对自身期待之间的比率。可以用公式表述如下：

$$\text{自尊} = \frac{\text{实际的成就}}{\text{对自己的期待}}\text{”}$$

詹姆斯的这一算式清楚地表明，我们对自己的期待往上高一级，我们遭受羞辱的可能性也因此增加一分。因此我们所理解的正常生活决定了我们的幸福指数。再没有人会比那些不再风光的影星、风头已过的政客，或如托克维尔所说的不能如愿以偿的美国人更痛苦了。

这一算式同时也隐含了两种提升自尊的策略：其一是努力取得更多的成就；其二是降低对自己的期望。对于第二个策略的好处，詹姆斯表述如下：

“减少对自身的期望会使人有如释重负的快意，这同实现自己的期望一样，是件值得高兴的事情。倘若一个人在某个方面一无是处，而自己仍处之泰然，这将是一种难以言喻的轻松。如果有一天我们决定不必费心去减肥，也不再为青春难驻而烦忧，我们的生活该有多愉快呀！我们会说：‘谢天谢地，那些不切实际的念头终于都见鬼去了！’我们给自己增多一份期望，就是增多一份负担，虽然这也可能给自己增多一份自豪。”

8

令人遗憾的是，西方社会并不鼓励人们去降低对自己的期望或坦然面对人之将老，也不鼓励欣然接受自己肥胖的事实从而提升个体的自尊，至于贫穷和卑微，则更是不能见容于社会。相反，社会的风向标总在催促我们追求那些上辈人所不能从事的事业或拥有他们无从想象的东西。依据詹姆斯的算式，西方社会过度地抬高了我们对自己的期望，其结果就是足够的自尊将永无可能实现。

一个人若对来世的可能丧失信念，在希望受挫后他遭受的打击可能会更大。那些相信现世的一切只是永生世界的短暂序曲的人可能觉得他人在现世的成功不过是永恒世界中一现的昙花，因而不易心生妒嫉。

一旦人们觉得来世不过是一种臆想，或者从科学的角度把来世视为一种并不存在的精神鸦片，这时，追求现世成功和实现人生理想的压力就会无时无处不在，这使他们躁动不已，因为他们清楚人生苦短，任何的机会都可能稍纵即逝。现世的一切不再视为永恒世界的一段序曲；相反，现世的成功就是人生的一切。

几个世纪以来，人们坚信苦难是人生的一部分。这一信念也就成了人类最为重要的精神资产，成为人们面对苦难时的精神支柱。然而现代的社会观念使得人们充满渴望和期盼，也无情地改变了先前人们所固守的人生来就是受苦的理念。圣奥古斯丁在《上帝之城》(427)中不无悲悯地将不幸描述为生命中不可或缺的一部分，是“人类艰难生存境遇”的一个组成部分。他还尽情地嘲讽了“那些宣扬生活在极度痛苦中的人们也能建起欢乐大厦的荒谬论调”。正是受圣奥古斯丁的影响，法国诗人德尚这样描述人在世间的一生：

充满哀伤，也不乏诱惑，Temps de doleur et de temptacion,

处处有眼泪，妒嫉和磨难，Aages de plour,

这就是该诅咒的生活，　d'envie et de tourment,
人们如何能振作……　Temps de langour et de dampnacion...[1]

在得知自己年仅 1 岁的儿子不幸夭折，勃艮第公爵菲利普（善良的）[2] 这样表达他的感受："上帝若能让我在 1 岁之时辞世，我会觉得那是一件幸事。"言语之间流露的正是现代社会观念尚未诞生前根植在人们心底的以人生为苦境的情绪。

9

但现代社会对这种人生皆苦的悲观理论不再持赞许或支持的态度。

自 19 世纪初，一些白手起家的英雄自传，以及各种讲述人性升华、迅速发家并尽享人生乐事的励志书籍充斥了书架。这些书籍一方面让读者阅后热血沸腾，跃跃欲试；但另一方面，也无意间让读者沮丧不堪。

本杰明·富兰克林的《自传》（1790 年他死时，这本自传尚未完稿）可以说是这类书籍的始作俑者。在《自传》中，富兰克林讲述了他的传奇经历——父亲是一位波士顿制蜡匠，有 17 个小

1　原书这首诗英语与法语上下排列，此处译文系从英语译出。——译者
2　Philip the Good（1396—1467）：勃艮第公国的缔造者，竭力扩张领土，侵吞弱小邻邦，曾赞助艺术创作并创设"金羊毛"骑士勋位。

安东尼·罗宾斯：《唤醒心中的巨人》，1991 年

孩。富兰克林完全凭自己的聪明才智，由一个不名一文的年轻人变为一位不仅富有，而且广交社会名流，并赢得各界尊重的成功人士。富兰克林不断进取的人生经历和他从自身经历中总结出的格言警句（“早睡早起，让人健康、富有、聪明”，“没有付出，必无收获”）成为激励 19 世纪西方读者的众多文学作品的一部分。此类书籍还有威廉·马修斯的《成功立足》（1874）、威廉·马厄的《致富之路》（1876）、埃德温·T·弗里德利的《成功秘诀》（1881）、莱曼·阿博特的《成功法术》（1882）、威廉·斯皮尔的《成功法则》（1885）以及塞缪尔·法洛斯的《年轻人如何搬开成功路途中的绊脚石》（1903）等。

即便是现在，此类书籍仍然热销。安东尼·罗宾斯 1991 年出版了他的畅销书《唤醒心中的巨人》。书中写道：

“现在，你就可以做出决定：找所大学进修，练就一副好嗓子或成为一个步态优美的舞蹈家，完全掌控你的收入状况，甚至可以决定去学习驾驶直升飞机……只要你清楚自己想做什么，并做出了决定，任何事情都难不倒你。因此，如果你对目前的生活不满意，你现在就可以做出决定，去改变这一切；如果你不满意眼下的工作，同样，你可以做出决定，换一个工作。”

罗宾斯在书中通过自己的真实经历向读者传达了这样的信息：任何改变都是可能的。他出身低微，早期的生活境况很不如意。到了 20 出头，他还只不过是一个寂寂无名的管理员，住处狭小，脏乱不堪。没有女孩子看得上他，所以晚上他独自窝在家，和尼尔·戴蒙德[1]的歌声做伴。他身材也不怎么样，体重超标38磅。突然有一天，罗宾斯做出了决定，他要改变自己的生活，他在自己的意念中找到了一种“神奇的力量”并促成了他的转变：

“我凭着这股‘神奇的力量’改变了我的体型和体魄，硬是除掉了身上那38磅的赘肉。随后，我也赢得了我梦中的女人的青睐，我娶了她，和她一起搭建了一个温馨的家。同样是凭着这股力量，我改变了自己的收入状况，从先前仅仅维持温饱提升到年入百万。我搬出了那个狭小的住所（在那里，我曾经只能在我的浴缸里刷洗碗具，因为我根本就没有厨房），搬进了我目前在德尔·马尔城堡的家。”

罗宾斯认为，如果我们恰好也生活在民主的社会里，在其中每个人都“有可能实现自己的梦想”，那么我们没有理由不以他为榜样。

10

大众传媒的迅猛发展使得人们对自身的期望变得更高了。阿尔弗雷德·哈姆斯沃思，英国《每日邮报》的创办者，在1896年报纸首发仪式上坦率地告诉民众，他心目中的理想读者就是那些虽然现在“年收入只有100英镑”，心里却梦想着“来年能

---

1 Neil Diamond（1941—）：流行低音歌手，作曲家。生于纽约市布鲁克林。有多种唱片获金唱片或白金唱片奖，其歌曲旋律性强，容易上口，有些曲子具有中东音乐特色和犹太民间舞节奏。——译者

有 1 000 英镑进账的人”。与此同时，在美国则有《妇女家庭杂志》(1883 年创刊)、《大都市》[1] (1886 年创刊)、《芒西》(1889 年创刊) 以及《时尚》[2] (1892 年创刊) 等刊物杂志将各种奢华的生活推至读者眼前。例如，19 世纪末的美国《时尚》杂志告诉读者的信息不外乎如下：美洲杯赛过后，有哪些人上了约翰 · 雅各布 · 阿斯特的诺马哈游艇狂欢，寄宿学校里最时尚的女孩正如何穿戴打扮，纽波特和南安普敦谁在筹办最棒的舞会，还有正餐的鱼子酱应该和什么配在一起 (土豆和酸奶油)。

此外，电台广播和影视资讯也使人们越来越有可能了解上流社会的生活情况，并和上流阶层攀上一定的关系。到 20 世纪 30 年代，美国人每周耗在电影院的时间高达 1.5 亿小时，至于收听广播的时间更是高达 10 亿小时。1946 年还只有 0.02% 的美国家庭拥有电视机，而这一比例到 2000 年已经攀至 98%。

这些新的媒介所传达的内容和信息助长了人们对生活的渴望，而穿插在节目之间的广告更是推波助澜。在 19 世纪 30 年代，广告在美国开始出现，但很不成熟。到了 1900 年，它却已发展为价值 5 亿美元的重要产业。正是在 1900 年，尼亚加拉大瀑布的一侧矗起了可口可乐的巨型标志，而在峡谷上飘悬的则是美能牌浴室清洁粉的巨幅广告。

---

1 原文为“Cosmopolitan”。——译者

2 原文为“Vogue”。——译者

11

有些人质疑现代社会的优越性，对于这些质疑，现代社会的热情拥戴者很容易找到还击的依据：只要列举出现代社会制度为它的人民所创造的巨大财富，就足以令那些怀疑者无以招架。

亚当·斯密在《国富论》（1776）中将现代社会令人惊叹的生产能力同原始的狩猎和采集所能获得的生活资源进行了不无揶揄的比较，在斯密看来，人类的早期社会近乎赤贫，生产所得的粮食远不能填饱人们的肚子，基本的生活物资都相当短缺，稍有不测，人类就无法照顾儿童、老人以及社群中的穷困者，只能任凭“各种野兽吞噬他们”。然而，现代社会改进了人类的生产方式，亦即开始有了斯密所谓的“劳动分工”，能够为所有的社会成员提供必需的生活用品。只有无知者、心怀浪漫情绪的人才会希望倒转回先前的社会，因为在现代社会里，“就连最下等最贫穷的劳动者，只要勤勉节俭，也比野蛮人享受更多的生活必需品和便利品。享受的生活必需品和各种便利就远非是任何原始人所能企求的”。

12

然而，就在《国富论》发表的22年前，现代社会出现了一种让人深感不安却很有说服力的声音。这声音戛然独响，近乎怪异，表达的是一种对原始人的欣羡。这声音的源头就是卢梭。在《论人类不平等的起源和基础》（1754）中，卢梭提出了这样一个问题：若将现代人同原始人进行比较，其结论是否和绝大多数人固有的想法大相径庭？因为二者之中生活更如意的，在卢梭看来，显然是原始的野人。

卢梭的主要论点基于对财富的阐释。他认为，财富并不代表占有物的多少，而是拥有多少我们渴望得到的东西。它是相对的，相对于人们的欲望。任何时候，不管我们占有的财物多么丰富，只要我们还在追求某种我们不可能得到的东西，我们就谈不上富有；相反，如果我们总是满足于我们现时的拥有，不管我们实际占有的东西多么匮乏，我们是富有的。

卢梭争论说，有两种途径可以使人变得富有：要么给他很多的钱，要么限制他的欲念。至于前者，现代社会无疑是非常成功的，但它在使人们有更多的金钱的同时，也在不断地挑动人们的物欲，使得人们对本可以引以为傲的成就不以为然。让人们觉得更加富有的最可行的方式也许并非是赚取更多的金钱，而是在现实生活中尽可能同那些和我们处在同一等级但又比我们富有的人保持一定距离，在情感方面也应该疏远他们。我们无须争取成为“一条更大的鱼”；相反，我们应该全神贯注，努力使自己周围的“鱼儿”不比我们大，这样，我们自身的大小才永远不会成为我们的心头之患。

诚然，现代社会前所未有地提高了我们的收入，至少使我们看起来更为富有。实际上，现代社会给人们真实的感受却是我们愈来愈感觉到贫穷。现代社会激发了人们无限的期望，在我们想要得到的和能够得到的东西之间、在我们实际的地位和理想的地位之间造成了永远无法填补的鸿沟。我们可能比原始社会里的野人更觉得一无所有——诚如卢梭所言（他的论断在此达到了最令人难以信服的地步），原始的野人只要有一块屋顶遮住他们头顶的天，几只苹果和几粒坚果填饱了他们的肚子，在晚上拨弄“某些粗糙的乐器”来聊以自慰，或“用石斧做渔船”来消磨时光，他们心中的满足就无以复加了。

卢梭对现代人和野蛮人之间幸福程度的比较使我们很自然联想到詹姆斯所说的期望对幸福的决定作用。也许我们拥有的不多，但由于期望的减少我们能知足常乐；反之，现代社会鼓励人们追求一切，尽管我们已经非常富有，我们却终日焦虑多愁。

卢梭所言的野人可谓衣不遮体，一无所有。但同现代社会中住在“泰姬陵”里的人相比，他们至少能够享受因渴求很少而导致的极大的富裕。

13

我们所期待的远超出我们祖先们的想象，但我们付出的代价则是永远都挥之不去的焦虑——我们永远都不能安于现状，永远都有尚未企及的梦想。

第四章　精英崇拜

关于失败的三个有用的老故事

1

就物质层面看，在社会等级中位居低层，此般境遇少有快乐可言。但从精神层面看并不尽然，低层的人不一定总得无时无地苦不堪言。在很大程度上，贫困对自尊的影响取决于周围的人对贫穷的理解和看法。

过去的两千年，西方在物质层面所取得的成就无可否认；然而在现代社会，对一个人为何贫穷，一个人之于社会的价值是什么的解释明显变得富有“惩戒”意味，在情感上也让人觉得更加难堪。现代社会的这种变化对因身份低下而造成的焦虑提供了第四种解释。

2

从大约公元30年（那时耶稣诞生不久）到20世纪下半叶，在西方社会最底层一直流传着三个关于人生价值的故事，并为他们所接受。这三个故事也使他们得到慰藉，少却许多焦虑。

第一个故事

穷人生活贫穷，这并非是他们之过，穷人对社会贡献最多

在中世纪或任何现代社会之前时代里的人们，如果被问及为何社会主要分为富人和穷人，农民和贵族，回答者很可能觉得这提问本身就很奇怪：因为这样的区分是上帝的旨意。

将人口分为神职人员、贵族和农民的社会构成图，选自 13 世纪法国画派的《世界景象》

尽管人们普遍接受社会应该有农民、牧师和贵族的等级之别，且对等级制度的正当性坚信不疑，但在中世纪也存在一种社会共识，那就是不同的社会阶层是相互依存的，都是社会中的重要组成部分，因而，即便最贫困的底层人士也应受到社会的敬重。基于这种相互依存的理论，农民阶层的重要性并不亚于贵族和牧师阶层，人们也并不认为他们就比贵族和牧师阶层缺少尊严。农民们的生活也许非常艰苦（而且是一成不变的艰苦），但没有他们，贵族和牧师阶层便失去存在的基础，就会轰然坍塌，这是一种社会共识。（索尔兹伯里的）约翰曾把穷人比作人的双脚，而富人则是人的头部。这一比方似乎还不够强调穷人在中世纪社会里的重要性，甚至还可能认为他对穷人不够尊重，但这一比方至少在时时提醒那些富有者，只有善待穷人方可维护自身的生存境遇，正如一个人须得珍惜自己的双脚才能正常行走。

富人应该资助穷人，甚至还应该像父母一样爱护穷人。富人视穷人如小孩，富人就应该担当起慈爱父母的职责。在中世纪的艺术和文学作品中不乏对农民阶层的热情赞颂。上层社会也许把这些称颂视为对穷人的恩宠，但人们也从未忘记耶稣本身就是一位地位低下的木匠。

恩山修道院院长阿尔弗里克在《谈话录》（约 1015）一书中认为农夫才是社会的中坚，原因很简单，没有贵族和牧师阶层，一个人尚能生存于世，但倘若没有农夫，我们就没有果腹之物，谁也休想活命。1036 年，康布雷的杰勒德主教在一次布道时说，农夫们的工作的确艰苦乏味，但正是他们这艰苦乏味的工作才使得其他需要更多智识的工作成为可能。因此，一个有教养的人必须敬重农夫们的劳动。有不少诗人有感于农夫的辛劳和伟大，写下了许多诗歌来赞颂“高贵的农夫”。纽伦堡的汉斯·罗森普吕特[1]就是这样的一位诗人。1450年，罗森普吕特在他的一首诗《赞美农夫》中认为农夫才是上帝造物中最为尊贵的：

农夫扶犁拖耙，备受苦辛，
他们的劳作养活了世人；包括贵族、艺术家，还有普通市民，
设想这世上没有农夫，我们的生活该是何般凄凉光景。

农民收割图，选自约1250—1275年英格兰的一本写有做礼拜用的诗篇歌集的历书。

1　Hans Rosenplüt(1400—1470)：德国剧作家、著名的工匠诗人。——译者

当然这些颂词并不能使农夫耕作的土地变得松软，但是，这些字句及其所反映的社会氛围却能使农民阶层认识到他们在社会上是受人欢迎的，从而有助于他们建立起一种自我尊严。

兰布尔兄弟：《在土地上耕作的农民》，1400—1416 年

第二个故事

身份低下并不表明道德低下

还有一个广为人知的故事，它直接源于《圣经》。以基督教的观点，穷和富都不足以作为衡量道德水准的标尺。耶稣最为尊

贵，最受上帝的宠爱，但在尘世时他却非常穷窘，这一事实就足以说明尘世里的地位同道义的真确性之间不能简单地画上等号。

基督教对金钱并非持中立态度，其教义认为人的善恶主要取决于他在多大程度上认为自己是依赖上帝的。因此，基督教对穷人更为有利。任何东西，只要它让人觉得他可以不需要上帝就可以过上心满意足的生活，这东西就是罪恶。而金钱能给人带来物质的享乐，也能给人某种自由的感觉，因此，金钱似乎难辞其咎。

穷人生活困顿，因而更有可能祈求上帝的帮助。在《新约全书》中有不少让穷人得到安慰的故事，故事中穷人们亲眼见证了富人难以穿过针眼，从而表明他们的吝啬使他们无法进入天国。而且穷人们被告知他们将统治整个地球，他们也将是最早一批通过天国之门的人。

第三个故事

富人们腐朽堕落，恶贯满盈，他们的财富来自掠夺穷人

第三个故事更能让人忍受生活穷困和地位低下的折磨。从约1754年到1989年，这种理论发挥了最大的社会影响。这个故事告知穷人，富人是堕落的，是惯偷，他们不是凭借自己的才学德行来获得他们的特权；相反，他们使用的是欺骗的伎俩和掠夺的手段。更为糟糕的是，富人们完全掌控了整个社会，穷人们无论如何聪明和努力，他们都不可能凭一己之力改变困境。他们唯一

的出路只能是大规模的群体抗争和革命。

这个故事的较早版本源于让-雅克·卢梭。卢梭声称那些有权势的人从一开始就是通过强取豪夺来取得自己的地位："谁第一个把一块土地圈起来并想到说：这是我的，而且找到一些头脑十分简单的人居然相信了他的话，谁就是文明社会的真正奠基者。假如有人拔掉木桩或者填平沟壕，并向他的同类大声疾呼：'不要听信这个骗子的话，如果你们忘记土地的果实是大家所有的，土地是不属于任何人的，那你们就要遭殃了！'这个人该会使人类免去多少罪行、战争和杀害，免去多少苦难和恐怖啊！"（《论人类不平等的起源和基础》，1754）

100年后卡尔·马克思赋予了这个故事新的活力。如果说卢梭的论断还只是对不平等社会发出的一声抗议，那么，马克思赋予了这个故事科学的论证。在马克思看来，资本主义制度生来就具有一个剥削机制。每个资本家付给工人的工资远低于工人为资本家生产的产品的价值，资本家占有了这一部分的"剩余价值"，亦即他们所谓的"利润"。资本主义社会的报章宣称这部分的利润是对资本家的"投资"和"风险"的回报，但马克思认为，资本家所谓的"回报"只不过是"盗窃"一词的委婉表述而已。

马克思认为现代社会里的资本家其实就是自从人类诞生以来一直不公正地统治穷人的统治阶级的最新代表。不管资本家看上去如何充满人性，但这不过是遮掩他们凶残本性的文明面罩。在《资本论》第一卷（1887) 中，马克思以工人的口吻正告资本家：

“你可能是一个模范公民，也许还是禁止虐待动物协会的会员，甚至还负有德高望重的名声，但是在你我碰面时你所代表的那个东西的里面是没有心脏跳动的。”在19世纪的任何一个磨坊、面包房、船厂、旅店和办公室，我们都能发现资本家的冷酷和无情：工人们饱受病痛折磨，他们年纪轻轻便死于癌症和肺病，繁重的工作使他们无法享受正常的家庭生活、无暇理解和思考自身的境况，使他们终日焦虑、毫无安全感。“资本主义生产尽管非常吝啬，但对人身材料却非常浪费。”因此，马克思鼓动人们站出来，反对统治着他们的资本家，并争得他们应有的权利。在《共产党宣言》（1848）中，马克思发出了雷霆般的吼声：“让统治阶级在共产主义革命面前发抖吧。无产者在这个革命中失去的只是锁链。他们获得的将是整个世界。全世界无产者，联合起来！”

《共产党宣言》发表前不久，马克思的战友恩格斯到了曼彻斯特，利用大量的一手资料写成《英国工人阶级状况》（1845），描述了工业革命后新兴工业城市里无产者的穷困现状。恩格斯同意马克思关于社会有贫富阶级之别的观点，指出富人之所以富足，是因为他们狡猾刻薄，而不是因为他们聪明勤奋或精力过人；穷人之所以穷顿，是因为富人在欺骗和虐待他们，并非是因为穷人懒惰、酗酒或愚笨。在恩格斯笔下，资本家冷酷之至，只顾赚得最多的好处：

“有一次我和这样一个资产者在曼彻斯特街上走，和他谈到工人区的恶劣的不合卫生的建筑体系，谈到这些地区的可怕的居住条件，我说我还没有看到过比曼彻斯特建筑得更坏的城市。他静静地听完这一切，在走到拐角上和我告别的时候，他说：‘但是在这里到底可以赚很多钱。再见，先生！’英国资产者对自己的工人是否挨饿，是毫不在乎的，只要他自己能赚钱就行。一切生活关系都以能否赚钱来衡量，凡是不赚钱的都是蠢事，都不切实际，都是幻想。”

19世纪40年代曼彻斯特贫民窟的生活也许谈不上愉快，但如果生活在这里的穷困工人阶级了解到是他们雇主贪婪和残忍，是资本主义制度无处不在的贪污和腐化造成了他们眼下的困境（而且这种社会制度不可能凭他们个人的力量得到改变），那么，这些工人们至少能获得一种道义上的优越感，而不致因自己艰难的生活现状而觉羞愧。

3

从公元30年到1989年，上述的三个故事通过各自不同的方式为身份低下的人们提供了精神上的慰藉。当然，诸如此类的故事还有很多，但这三个最有说服力，也为最多的人所信奉。它们向世上不幸的穷人传达了三个观念：其一，他们才是社会财富的创造者，他们理应赢得尊重；其二，在上帝看来，世间的地位并不具备任何的道德意义；其三，从任何层面看，富人都不值得尊敬，他们冷酷无耻，而且终归在即将到来的无产者正义的革命风暴中灭亡。

关于成功的三个让人焦虑的新故事

1

不幸的是，另有三个故事，从 18 世纪中叶开始成型，而且不断扩大其影响，在公众舆论方面开始挑战先前三个故事所表达的观念。

也许是因为整个社会在物质方面有了极大改善，这三个故事才可能出现。但在心理层面上，它们只能使社会地位低下的生活愈发令人难以忍受，而且使它导致愈来愈多的焦虑和担忧。

第一个故事

富人而不是穷人才是对社会有用的人

约 1015 年，恩山修道院院长阿尔弗里克就曾强调是穷人创造了世界上差不多所有的财产。穷人起早贪黑，耕田种地，最后辛勤收获。他们的工作如此辛苦而伟大，比起那些社会上等级更高的人，他们理应获得更多尊重。这样强调普通劳动者的贡献，在当时并非只有阿尔弗里克一个人。事实上，几个世纪来，正统的经济学观点都认为在我们社会里真正创造财富的是劳动阶层。而富人们只是一味地挥霍资源和财富，以满足他们对奢华生活的追求。

关于谁创造了国民财富的这种论断一直为人们所认同。到了1723年，伦敦的内科医生伯纳德·曼德维尔发表了一份名为《蜜蜂的寓言》的小册子。这个小册子是用韵文写的，讨论的题旨却和经济学相关。正是这本小册子从根本上改变了社会对穷人和富人的看法。曼德维尔的观点同几个世纪以来沿袭的论断正好相反，他认为富人才是社会中有用的阶层，是富人们的挥霍才给比他们地位低下的人们创造了就业机会，使得那些最弱势的人们得以生存。没有了富人，穷人要不了多久就活不下去。曼德维尔并非想说明富人比穷人更好，事实上他经常用调侃的笔调写到富人们是如何虚荣、残忍和喜怒无常等。他们贪得无厌，渴求成功和掌声，却不明白物欲的满足并不能使人真正幸福。尽管如此，富人们追求并获得巨大财富，他们对社会的促进和贡献远远超出了虽辛勤劳作，但所获甚少的底层工人。人们的价值不应该以他们的灵魂来衡量（基督教道德家往往以此为准绳），而应该以他们对别人的影响来考虑。如果采用这一新的标准，那些（通过贸易、工业或农业等）累积了大量财富并大量挥霍这些财富（用于添置顶级奢侈品、建造并不急用的仓库或购置乡村度假屋等）的人对社会的贡献远大于穷寒的底层人。曼德维尔的那个著名册子有一个副标题“邪恶的个人却造福于公众”，倒是很恰当地评述了富人对社会的功用。他这样表述这些“邪恶的个人”：

“对感官享受的贪求使得他们无止境地追求生活的舒适和豪华。是水性杨花的妓女在领导每周的时尚，是挥金如土的浪子和大手大脚的财产继承者在最有效地帮助穷人们。那些搅得千万邻人不得安宁且发明出一些并无实际用途的玩意的人（不管他们的做法是对是错）就是对社会最有帮助的人。如果我们的社会突然不再有人热衷于虚荣，不再有人追求奢华的生活，那些布商、室内装潢商、成衣制造商，以及许许多多行业的商人不用半年就会食不果腹了。”

一开始，曼德维尔的高论使他的听众们震惊不已（这正是他所期望的效果），但接下来，几乎所有18世纪及其后的伟大经济学家和政治家都接受了他的观点。休谟在《论奢华》（1752）一文中重复了曼德维尔的观点，认为是富人对财富的追求和对奢侈品的消费，而不是穷人的劳作最终给社会创造了财富。他说：“在任何一个国家，如果人们无意追求奢华的生活，那么，人们会变得懒惰，失去对生活的乐趣，他们对社会也将毫无益处，而由他们组成的社会甚至不能维持这个国家的海、陆军队。”

24年后，休谟的同胞亚当·斯密写成了《国富论》一书。斯密进一步发挥了曼德维尔的观点。他的理论也许是对富人的社会功用最具煽动性的辩护。在书的开始，斯密承认大笔的财富并非总能带来幸福：“有了财富，人们一样焦虑、恐惧和悲伤，有时甚至较先前为甚。”他还不无嘲讽地指出有些人终其一生只是追求那些“花哨却一无是处的玩意儿”。然而，笔锋一转，他随即对这些人表达了无尽的感激。人类的整个文明，社会的任何福利都离不了人们的欲望，离不开人们贪求过量财富的能力，同时也需要人们对其财富进行炫耀。正因为如此，“人类才会耕垦土地，才会去搭建房屋，才会建立城市和国家并创造各种科技和艺术产品来点缀和提升他们的生活。这样，整个世界才得以完全改观，荒莽的原始丛林被改造成肥沃宜人的平原，浩瀚无际的海洋也为人类所用，成为各种保障人类生存的新的资源宝藏”。

旧的经济学理论认为，富人们占有了一个国家有限财富的过多份额因而应该受到谴责。斯密承认，人们很容易把一个拥有“万贯家财”的人视为“社会害虫、凶残的巨兽和吞噬所有小鱼的大鱼”。但是，他们错了，因为社会的财富并非是有限的，只要实业家和贸易商有雄心且有毅力，社会的整体财富总是能够无限地扩大。大鱼实际上是在帮助那些小鱼，而非吞噬小鱼。大鱼不断地花钱，这样，小鱼才有了工作。大鱼也许倨傲无理，他们的种种劣迹通过市场的运作却变成了善行。斯密在下面的这段文字里做出了解释，而这段话也许是资本主义经济学中最为著名的一段话：

“无论富人们怎么天性自私，怎么贪得无厌；尽管他们的唯一目的是为自己捞取便利，剥削成千上万为他们劳作的工人们的劳动所得以满足他们所谓的虚荣，充填他们无底的私欲，但实际结果是富人和穷人们共同分享了社会进步所带来的好处。似乎他受着一只看不见的手的指导，去尽力达到一个并非他本意想要达到的目的。也并不因为事非出于本意，就对社会有害。他追求自己的利益，往往使他能比在真正出于本意的情况下更有效地促进社会的利益。”

在那些富人们可以放手从事实业，开展贸易的社会里，斯密写道："商品是如此丰富，不仅富有的上层人的奢欲能得以满足，而且能充分照顾农民和手工艺者的需求。"

对富人而言，这个故事无疑令他们喜出望外。在基督教形成初期富人在经济理论的表述里一直就是近乎恶棍的反面形象；而现在他们发现自己摇身一变，成了经济学家笔下的英雄人物——是他们一直在照顾地位比他们低下的各个社会阶层，也是他们为穷人提供住房和口粮。必须指出的是，即便他们的人品令人厌恶，他们仍在完成上述的这一切使弱势群体受惠。富人愈贪婪，他们对社会的贡献也愈大。

反之，这个故事中穷人的形象就不那么美好了。既然富人是社会财富的创造者，而穷人在社会结构中只承担着逆来顺受、功能性的角色，甚至因为他们基数庞大，享受社会福利，依赖慈善机构，有过多消耗社会资源之嫌。物质上本已相当匮乏，而今这个故事还要让穷人在精神上因富有阶层的轻侮而难以抬头。如此情形，如果诗人们还要写诗歌颂"高贵的农夫"，恐怕就非常不合时宜了。

第二个故事

身份同德行相关

传统基督教的核心理念认为，人的身份同德行无涉。耶稣是救世主，他也曾是木匠。彼拉多[1]身居高位，却罪不可赦。因此，如果将人在社会中的身份同其德行画上等号，是不可理喻的。一个人可能聪明善良、思维敏捷且富有创意，但他可能是一位扫地工人；而一个人也可能懦弱无能、颓废堕落、残忍成性且愚不可及，他却是一国之君。

然而，长期以来，人的血统和家族渊源，而不是其才识，决定着他在社会上的职位。因此，在西方历史上，我们不难找到不知如何治国的君王、不知如何管理其庄园田产的贵族和根本不知如何用兵的将军。当然还有很多比他们主人聪明的佃农和比她们女主人能干的女仆。在这样的社会里，我们很难否认地位与德行无关的事实。

直到 18 世纪中期情形才略有改观。开始有人质疑等级制度合理性：不管儿子愚笨与否，将大笔的产业传给他，这样做明智吗？皇室子嗣难道一定就最适合做一国之君？在文艺界，人们很早就接受精英思想，即便是等级制度的忠实拥护者也不例外。这样，就有人开始将文艺界同政治和商界进行比较，让人们清楚地看到等级制度的荒谬之处。选择一本书时，我们关注的是这本书写得好不好，至于作者的父母是否有文学天分，是否富有则无关紧要。一个非常有创作天分的父亲并不能保证他的儿子一定能写

1 Pontius Pilate（?—36 以后）：罗马皇帝提比略的犹太巡抚，主持对耶稣的审判，并下令把耶稣钉死在十字架上。——译者

出一本好书来；同理，有一个蠢笨无行的父亲，并不足以说明这个人就必定是一个低能的文学家。既然社会在文艺创作方面能接受这样的评判准则，那么，我们为什么不可以将这一准则沿用到政界和商界呢？

托马斯·潘恩在《人的权利》（1791）一书中写道："我有时想，如果在文学和科学领域也实行世袭制度，情形将会变得何等荒谬，文学和科学的价值又将是多么不值一提。每念及此，我往往禁不住要笑了起来。由此，我又想到我们的政府。一位子承父业的总督又何尝比子承父业的作家高明呢？我无从考证荷马或欧几里得是否有后人，但这不妨碍我做这样的遐想，假设他们有后代子孙，而且他们也都留下了尚未完成的作品，我敢保证，他们的后人没有能力续完他们的未竟之作。"

拿破仑也是持这样的立场。在他执政之初，他就公开推行"carrières ouvertes aux talents"[1]的聘任制度。在西方君王中，他可以说是公开凭才用人的第一人。晚年被囚禁在圣赫勒拿岛上，拿破仑对其创举仍很自豪："任何时候，只要我发现才学之士，我一定会让他才尽其用。"拿破仑确有其骄傲的资本：在他统治时期的法国，不仅封建世袭特权被废除了，而且他在历史上首次设立了面向各个阶层的荣誉军团。此外，法国的教育体系也实行了改革，政府设立公立中学，所有人都可以申请入学。1794 年还开设

1 法语，意为"唯才是举、任人唯贤"。——译者

了一所理工学院，该学院为贫穷学生提供大笔的政府助学金（理工学院开办之初，有半数的学生来自较为贫穷的农民和手工艺者家庭）。在拿破仑政府中不少高官，如内政部主要官员、科技顾问和不少的参议员都来自一般阶层。至于那些世袭贵族，拿破仑毫不客气地把他们称为“低能儿、世袭的白痴和国家的不幸”。

拿破仑的政权被推翻了，其思想却为后人所继承。其后欧美一些主要的思想家都受到了拿破仑的影响。爱默生就希望看到社会里“每个人都能人尽其才，才尽其用”。看到富人们的孩子挥霍无度，而穷人们的孩子却无钱上学，卡莱尔愤然疾呼：“那些慵懒的贵族们，他们是英格兰的地主，他们只知道奢侈地享用英格兰人民的田租，餍足之后，只知道射猎取乐，除此之外，他们还能做些什么呢？”他猛烈抨击英国贵族无所事事、一无是处，于他人于社会毫无补益，然而，就是因为他们是贵族，他们享有了所有的特权。他这样描写一个典型的英国贵族形象：“住着宽敞的豪宅，无须工作，无所不有，没有任何的风险，也无须吃任何苦头，所有的工作都已由他人打理。他慵散地坐在家中，一切是那么的宁静而安详。这就是那种自命为贵族的人！他也许会辩解说，他的祖辈已经为他打拼过了，或者说，他的祖辈曾为他投机，并成功得手了。这就是土地的法则，而且被认为是全世界的法则：这个人应该过着饭来张口的生活，除了得小心自己不要从窗户掉下去，他不必考虑任何其他的事情，也没有任何的义务！”

同 19 世纪的许多改革家一样，卡莱尔并非想创建一个经济上人人平等的社会。他理想中的社会并非人人在财富方面均等，而是坚持财富的不均必须有合理依据："欧洲需要的是真正贵族制度，在这个制度下，所有的贵族必须是有胆有识的人中之龙。现行的贵族制度是虚假的，不可忍受的。"显然，卡莱尔倡议的就是一种精英崇拜的社会制度，只是当时还没有这样一个词语而已。

新的精英崇拜的思想必须面对两种社会观念的挑战：一是平等主义的思想，这种思想要求在社会财富的分配上必须绝对均等；二是世袭观念，它认为富有贵族的子孙应该自动世袭贵族封衔，理应身居高位（还有自动世袭所有贵族的高雅娱乐，如射猎斑鸠等）。如同旧的贵族阶层一样，新的精英论者一方面允许社会财富的分配存在极大的不均；但另一方面，同激进的平等主义者一样，坚持要求每个人在人生或事业起始之时必须完全平等。精英制度认为，如果每个人都能接受同样的教育，而后又有同等的工作机会，那么，日后即便出现了收入不均衡或声望不平等，也完全是可以接受的，因为这些不平等基本是人们智识和才干的差异造成的。所以，社会财富无须均分；一些人享有特权，是他们智识超人的结果，而一些人可能吃尽苦头，也只能自怨自艾，怪不得他人。

在社会立法方面，精英体制在19世纪和20世纪取得了长足进步。在西方国家，各国政府或快或慢、或多或少地倡导了机会均等的思想。人们开始普遍接受这样的观念，那就是无论贫富，所有公民都有权至少享有较好的中等教育，而且最好还都能接受高等教育。在这方面，美国走在较前面。1824年，美国开办了第一所公立高中，到南北战争时期，这样的公立高中已有 300 所。1890 年，更是多达 2 500 余所。到了 20 世纪 20 年代，美国的大学教育也开始依据精英制度的思想进行改革，开始实施大学入学学习能力评估测验的制度。当时的哈佛大学校长詹姆斯·科南特和美国教育测试部门的主席亨利·昌西便是这一制度的奠基者。他们的目标是通过这样一种精英考试，科学、公正且公平地评估每一名学生的学业和智力水平，从而在大学招生时能避免先前的学校偏见、种族歧视和种种沿袭已久的势利观念。这样，大学评判一位学生的标准不再看他们的父亲是谁，或者他们的衣着如何，而是按照他们的真才实学来进行名次的判定。而学生的真才实学，在科南特和昌西看来，应该是指他们分析和解决诸如以下问题的实际能力。

从下列词汇中选出一对反义词	
obdurate（执拗的）	spurious（欺骗的）
ductile（顺从的）	recondite（晦涩的）

或：

说出每组词中与第一个词意义相同的词，一个、两个，还是没有：

impregnable（可以受孕的）	terile（不受孕的）
vacuous（空洞的）	nominal（名义上的）
exorbitant（过度的）	didactic（说教的）

那些在大学入学学习能力评估测验中独占鳌头的学生才能如愿以偿地进入他们梦寐以求的名校，接下来，他们当然就很可能毕业后在华尔街找到一份工作并成为名流云聚的乡村俱乐部会员，他们的能力使他们有资格享受这一切。用科南特的话来说，大学入学学习能力评估测验考试是“一种新的社会手段，只要运用得当，它就可能是一剂良方，不仅可以改变先前没有社会等级的状态，而且能给社会注入活力，使我们的社会更靠近所谓的美国理想”。

这种美国理想也许不太关注社会平等，它仅仅要求每个人在开始阶段拥有严格控制的均等机会。既然每个人都有同样的机会上中小学和大学，同样的机会在几个单词中找出反义词，那么，其后在社会出现贵族阶层都是合理的，可以接受的。

1948 年发表的《世界人权宣言》，其中第二十六条是这样规定的：“人人都有受教育的权利，教育应当免费，至少在初级和基本阶段应如此。初级教育应属义务性质。技术和职业教育应普遍设立。高等教育应根据成绩而对一切人平等开放。”至少在美国和部分的欧洲国家，这已或多或少成了现实。

在教育改革的同时，一些政府也开始立法以保证在职场上，人们也有平等的工作机会。1870 年，英国政府通过考试面向社会招聘政府公务员，这在英国的精英崇拜制度的发展进程中是一个里程碑。几百年来，英国的政府公务部门一直就是当权贵族的潦倒、愚蠢的亲戚的收容所，这种情形当然没少给大英帝国带来巨大的灾祸。到 19 世纪中叶，因为雇用这些只懂玩乐、有教养的白痴而付出的代价实在太过惨重，英国政府终于指定斯塔福德·诺斯科特爵士和查尔斯·特里维廉爵士制定一个招用公务员的其他方法。特里维廉爵士对公务部门进行了几个月的调研后，致函给《泰晤士报》谈他的看法：

“毋庸置疑，我们的上层贵族太过习惯于将我们的公务部门视作他们穷困潦倒的亲戚或家族成员们的庇护所，或者福利院——在这里，那些完全没有能力在社会上找到工作的人却能冠冕堂皇地受禄终身。显然，这是以损害公众利益为前提的。”

70 年后，乔治·奥威尔在《狮子和独角兽》（1941）一书中仍然在抨击贵族裙带关系的恶劣影响。他声称，英国需要一场革命，不是那种需要“红旗和巷战”的革命，而是一场针对贵族特权阶级的“移交权力”的革命：

“我们需要的是一种自觉的公开抗争。抗争的发起者就是普通大众，反抗的对象就是政府的低效、阶级的特权和旧有的政治体制。我们要在国民生活的各个方面对特权进行清算。一位贵族学校的白痴居然要强过一名聪明能干的机械师，这样的观念是要不得的，我们必须唾弃。我们不否认贵族学校里不乏诚实且有天分的个人，但我们要打破有钱人作为一个整体对国家的控制。英国必须有她应有的样子！”

在所有的发达国家，用人制度改革的核心就是用精英们替下那些不学无术的人。在美国，工作机会均等成了最热门的话题。

1961 年 3 月，肯尼迪总统就职还不到两个月便成立了一个“机会均等委员会”，旨在消除政府部门和私人企业在用人过程中可能存在的任何形式的歧视。随即，一系列法律法规得以通过：首先是 1963 年的《同工同酬法令》，其次是 1964 年的《民权法》、《平等就业机会法》，接下来还有 1965 年的《年长雇员法令》、1967 年的《雇员年龄歧视法令》、1976 年的《同等信用法令》和 1990 年通过的《美国残疾人法》等。有了这些法律法规的保护，我们有理由相信，无论一个人碰巧出生在一个古老的贵族家庭，还是普通家庭，也无论其年龄、肤色或性别，任何美国人都能获得平等的获得成功的机会。

尽管精英崇拜的制度的进展可能相当缓慢，一些改革甚至带有偶然性，或者实行得并不彻底，但从 19 世纪中叶开始，特别是在美国和英国，精英崇拜的制度已经开始影响并改变了人们对穷人和富人的美德的相对看法。一些基督教思想家坚持认为世俗的成功与一个人的内在价值毫无关系，卢梭和马克思也指责有钱有势的人通过腐败和不当的手段谋取了官位，而现在人们的工作都是通过公允的考试和面试来分派，薪酬也是依据能力来分配，我们将很难再坚持上述两种观点。如今，一旦那些游手好闲的上等人从政府的公务部门清理出去，代替他们的是出身寒门却勤奋能干的精英们；一旦大学入学学习能力评估测验将那些美国东部豪阀的子女拒于常青藤名校之外，代替他们的是勤奋好学的普通阶层的后代，我们很难再认为身份完全取决于一个霸道的等级制度。

人们开始更倾向于认同这样的观念，即人的才识往往能影响或决定他在社会上的地位，这种认同反过来赋予了金钱一种新的道德涵义。过去，社会上的财富是依据血亲关联世代相袭，金钱的涵义自然只是昭示某人有幸而生于富贵之家，因而，人们自然也不会将金钱视为一个人智识和才能的指标。但在精英社会里，一个人如果没有相当的才干，他不可能有一份高声望、高薪酬的职位。故而财富成为一个人良好秉性的象征：富人不仅富有，而且就是比别人优秀。

纵观 19 世纪，很多基督教思想家改变了他们对金钱的看法，在美国，情形尤甚。美国的基督新教就认为上帝要求他的子民不仅要精神上虔诚，同时也应追求物质上的富有，因为现世累积的财富预示了一个人在死后的世界中有一个较好的地位。1836 年，亨特牧师在其畅销书《关于财富:〈圣经〉要求我们每个人追求财富》中就清楚地表明了这种思想。财富被描述为上帝对虔诚的一种奖励。同样，洛克菲勒就直言，是上帝眷顾使他成为富翁；而威廉·劳伦斯，马萨诸塞州的主教，1892 年这样写道："长远来看，只有那些德性高尚的人才能变得富有。同赞美诗的作者一样，我们偶尔也会看到为富不仁的财主，但那只是偶尔而已。虔信上帝是通往财富的坦途。"

正因为精英崇拜思想的发展，我们社会中的每一个人都有实现其梦想的机会。千百年来，受制于僵化的种姓般的等级制度，许多天分极高的饱学之士只能被埋没。现今我们社会中的精英们却能在基本公平的环境里尽情挥洒他们的才情，至于他们的身世、性别、种族或年龄已不足以成为他们通向成功的绊脚石。社会财富的分配终于有了公正的因素。

对那些身份低微的人，这个故事不可避免地存在负面影响。既然成功者理应成功，那么失败者就理应失败。因此，在精英崇拜制度下人们致富无可厚非，同理，人们挨穷也不是没有缘由。正因为如此，一个人身份低微，其境遇固然令人同情，但一切也是咎由自取。

在过去，贵族阶层多是世袭其家族的钱财和庄园，而今精英统治的经济体系下的富裕阶层凭借的却是自己的个人奋斗，因此，他们的致富能够体现个人的价值，这是先前的贵族阶层从未体验过的。但另一方面，现今穷窘的底层民众也多了一份羞辱感，这也有别于先前的农夫们：先前的农夫们由于被剥夺了生活中的任何机会，因此他们幸运地无须为自己的境况感到羞辱。

在新的精英崇拜制度的年代，那些未获成功者要（对自己或别人）回答，为什么他无论从哪方面看都是优秀、聪明和有能力的，却仍然那么贫困，变得更为棘手和痛苦。

第三个故事

穷人是有罪的、堕落的，他们穷是因为他们蠢

在 19 世纪和 20 世纪倒是有不少人愿意代表穷人来探究导致

他们贫穷的症结。答案虽是众说纷纭，但在那些思想激进人士看来，有一点可以肯定（而且从学理上也可以解释），那就是导致穷人社会地位低下之根源是他们的愚昧和堕落。

因为经济的精英崇拜制度的兴起，在世界不少地区，穷人已不再是不幸的人、需要慈善救济且让富人怀有负罪感的人，而变成了人生的失败者、让那些凭着积极心态自我进取的精英阶层所不齿的人。富人们已然不再因为他们奢华的生活而觉得羞愧，也不会对曾经和他们同伍、而今已被他们远抛身后的穷人们施与同情。

对于社会财富分配背后的正当理据，19 世纪的社会达尔文主义的表述应该是最为直露了。社会达尔文主义者认为，一个社会的资源，即金钱、工作和荣誉等都相当有限；要获取这些资源，就必然有一番争斗。在这场争斗中，他们认为，社会里的所有人从一开始都是公平的。然而，争斗的结果却因人而异。一些人天性卓异，在这场争斗中占尽上风，他们并无任何不平等的优势，也不是凭什么运气。从道义上看，富人似乎形象不佳，但从自然进化的角度看，富人却远远胜出穷人，情形甚至令人生畏。富人强劲有力，他们的基因比穷人刚健，他们的思维之敏捷亦远过常人，从生物理论的角度看来，富人是人类丛林中的老虎。在 19 世纪这种生物理论异军突起，人人奉为圭臬，它认为富人应该富有，穷人应该贫穷。

更有甚者，社会达尔文主义者认为穷人窘促之境遇和早亡对整个社会不无裨益，政府理应顺其自然，而不可试图帮助穷人改变现状。他们坦言，弱者是大自然的劣质产品，最好的方式就是在他们成人之前任其死亡，这样他们才不致生儿育女，进而降低整个人类的素质。动物世界把身体畸形的动物抛弃的做法同样适用于人类。因而，一个人最大的善举不是去同情并接济社会中的孱弱者，而是要任这些孱弱者自生自灭。

英国社会达尔文主义者赫伯特·斯宾塞在《社会静力学》（1851）一书中认为行善的理念从根本上违背了生物学的规律。他指出："让孤儿、寡妇艰难度日或贫寒致死似乎是一种残忍的行为，然而，如果从整个人类的利益出发，而不是孤立地来看，这种任劣者汰灭的做法，同那种让那些因父母残病而先天病弱且鲜能存活的婴儿及早弃世的做法一样，又何尝不是一种善行……社会的自然法则从来就是淘洗剔除那些病残、智障或胸无大志、毫无主见、缺乏信仰的成员。人，如果生而健全，他就一定能适应社会，生存下来，而且理应生存下来；反之，如果他生来就不健全，就不能生存于世，而且最好死去。"

当时，主宰着美国商界和报界的差不多都是些白手起家的精英阶层。这些社会新宠对斯宾塞的观点趋之若鹜，因为他的社会达尔文主义思想显然是一种科学利器，有助于精英们还击工会组织、马克思主义者和社会主义者对他们的指责，进而减轻他们在经济方面的损失。1882 年，斯宾塞在美国四处演说，得到商界巨头们极力捧场，可谓风光无限。斯宾塞则投桃报李，每每把这些商界精英们抬捧为“人类丛林中的老虎”；他们没有任何行善的义务，对社会中弱势阶层悲惨的境遇，他们无须负疚于心。

还有不少人，尽管不是斯宾塞的追随者，他们对社会达尔文主义的一个主要观点却感同身受，那就是为穷人提供福利是没有必要的，甚至可能是错误的。既然每个人都有能力通过个人奋斗取得成功，那么，为社会底层提供福利的政治行为岂不是鼓励他们不思进取，安于现状？

苏格兰学者塞缪尔·斯迈尔斯在其著述《自助》（1859）中勉励底层的年轻人要为自己定下较高的生活目标，提升自己的教育程度，花钱得有计划，同时，在自我奋斗的路上应该抵制可能会施以援手的政府。他写道：

“政府给予人民的任何福利都会减少人民自我奋斗的必要性，同时也打击了他们自我奋斗的积极性。在人类发展的进程中，我们一直过高地估计了立法的作用。事实上，任何一种法律，不论它如何苛严，都不可能使懒惰者变得勤劳，使挥霍者变得节俭，也不可能使酒鬼变得清醒起来。”

安德鲁·卡内基是苏格兰裔的美国工业巨头。受他资助的慈善活动不计其数，但骨子里他对慈善活动的意义相当悲观。在其《自传》（1920）中他这样表述他对慈善的看法：

“在所谓慈善活动的捐款中，至少每千元中950元的更佳去处是丢进大海。每一位靠救济金度日的流浪酒鬼或游手好闲的懒汉都会对其周围的人们造成不良的影响，似乎是向那些正勤奋工

安德鲁·卡内基，白手起家的工业家，世界上最有钱的人，1835—1919 年

作、追求上进的人们昭显这样一个事实，那就是你可以什么也不做，而不必担心自己的温饱。我们不可以感情用事，相反，愈是绝情，他人愈能获益。施舍和救济不可能改变一个人的境遇，更不能促进社会的进步。真正需要他人援手的人，除极少数的情况之外，很少主动要求援助。而那些真正有价值的人则永远也不会请求援助。”

在精英崇拜的社会的温床上渐次萌生的这些越来越苛刻的观念影响下，人们开始认为社会等级在很大程度上反映了社会成员的自身素质，那些杰出的人一定会迈向顶层，而那些懒汉们也注定要终身在贫困线上挣扎。人们也开始认同这样的观念，慈善、救济、重新分配财富或奉献爱心等社会行为已几无必要了。

2

迈克尔·扬在《精英崇拜的兴起》（1958）一书中表述了这样的观点：

“现今社会，不论一个人身世如何卑微，他都清楚自己的生活充满无限机遇……如果在旁人眼里，他一再被认为是‘笨蛋’，那么他恐怕真的就是笨蛋……更为残酷的是，他们将注定身份低微，而且，造成这一结局的原因如此直白：因为他智识低下，而不是像过去一样被剥夺了成功的机会。他应该清楚这一切，不是吗？”

3

贫穷本身就是一种痛苦，而在精英崇拜的社会里，贫穷更是一种耻辱。

第五章　制约因素

制约因素

1

在传统社会里，要获得上层身份异常困难，但值得欣慰的是，上层身份一旦获得，就不易丧失。要想使一个贵族不再成为贵族，其难度不亚于使一个下层民众不再成为下层民众，虽然两者地位悬殊，但情形相通。决定因素在于家庭出身，而不在于一生中通过发挥才智获得了何种成就。关键在于你是谁，而不在于你做了什么。

现代社会的主要欲望却使这一情形完全颠倒过来，废除世袭的特权身份和天生的下层身份，从而使社会身份完全取决于个人成就——主要指经济方面的成就。社会身份现在很少取决于恒定不变的世袭头衔，而往往取决于一个人在发展迅速、变化莫测的经济体系中的表现。

由于经济体系的性质，获取社会身份的奋斗有一个非常明显的特征，那就是不确定性。我们对未来的思考总是基于各种忧虑：可能被同事或竞争者打败，可能缺乏实现既定目标的能力，或可能在市场的浪潮中迷失方向、误入歧途——这一切失败都可能因同行的成功而变得更加糟糕。

焦虑是当代欲望的伴随产物，因为生计与名誉均受至少5种无法预测的因素的制约，这5种因素构成5个原因，可以用来解释如下问题，即：我们在等级社会里为何无法稳妥地获得或持有一个自己渴望的位置。

1. 受变幻无常的才能的制约

如果我们的身份取决于我们的成就，那么人们普遍认为，成功所需的就是才能以及——当心灵的宁静上升到重要位置时——对才能的可靠把握。但在多数活动中，才能并不能供我们随意支配。它可以在一阵时间出现，然后径自消失，丢下一个烂摊子。我们不能随意召唤我们身上最优秀的品质。我们远远不能拥有自己偶尔展现的才华，我们的成就大多好像来自某种外界力量所施的恩惠，而这种外界力量的出现与消失决定了我们的生活轨迹和达成目标的能力。

古希腊人通过塑造缪斯女神，创造了一种极为深刻的形象，来表现我们与才能之间的痛苦而多变的关系。根据希腊神话，总共有9位缪斯女神，每个女神执掌某种才能，并随机将其赋予世人。这9位女神分别负责史诗、历史、情诗、音乐、悲剧、圣歌、舞蹈、喜剧和天文。这些领域的任何胜利者都谨记这样一个事实，那就是才能并非他们自己真正所有，只要这些敏感的女神们改变了主意，她们就可能在举手投足之间把这些才能悄悄地收回。

虽然希腊女神活动的领域很难说就是反映了当前人们的关注对象，但这种神话观念依然在揭示着一个深刻的道理：我们很难对成功所需的能力进行把握，因而我们在与未来相关的事务中被迫处于一种屈从和焦虑的状态之中。

2. 受运气的制约

我们的身份有赖于一系列可以被粗略地概括为“运气”的有利条件。可能恰是缘于运气，我们正从事合适的职业，具备合适的才干，处于合适的时机——同样，可能正是缘于坏运气，我们丧失了这些优势。

但令人遗憾的是，拿运气作为对我们一生得失成败的解释，已经变得难以为人接受。在科技不发达的时代，人们崇拜神灵的力量，震慑于大自然捉摸不定的脾气，认为自己和他人对世事缺乏控制的想法非常普遍。感恩和责难的对象往往是外界力量：魔鬼、小妖、精灵和神灵所扮演的重要角色总是被反复提及。例如《贝奥武甫》（约 1100）全文表达了这样一种思想：人类的成功取决于基督教上帝的意志。当贝奥武甫在描绘他打败格伦德尔的母亲时说：“假如我没有上帝的保护，战斗很可能早已结束。”

但是随着人类控制环境和预测环境的能力大大提高，运气或神灵庇佑等观念已经丧失了其影响力。虽然我们在理论上依然承认运气影响着事业的发展，但在实际生活中，对一个人的评价往往基于这样一种认识：他对自己的生平应该承担基本责任。把成功归结为“好运气”显得过度（甚至令人可疑地）谦虚，而更为严重的是，把失败归咎于“坏运气”则显得可鄙。成功者自己制造运气，现代格言如是说。这种想法肯定会让命运女神在古罗马的崇拜者或《贝奥武甫》中虔诚的英雄难以理解。

把自己的身份建立在偶然因素之上固然令人恐慌，但在一个以理性控制为主要特征的世界里，几乎不能用“坏运气”对失败提供可信的辩解，生活在其中恐怕要更加困难。

3. 受雇主的制约

因为另一种可能性的存在，我们生活状态的不可预测性变得更加糟糕，那就是我们的身份不得不受雇主优先的制约。

1907 年在美国，一本叫《二英亩地与自由》的书激发了阅读大众的想象力。作者博尔顿·霍尔理所当然地认为，必须为他人工作是一件令人不快的事情。以此为出发点，他告诉读者一种可以获得自由的方法。他的方法是离开办公室和工厂，在中美洲以适当价格购买三英亩土地。这三英亩土地很快就能使他们为一个四口之家提供足够的食物，并建立一个简单舒适的家园，从而使他们再也没有必要对同事和上司拍马溜须或同他们争权夺利。这本书以大量的篇幅详细介绍如何种植蔬菜，如何建造温室，如何经营果园，如何购买牲畜（霍尔认为，一头奶牛就可以供应足够的牛奶和奶酪，而鸭子肉要比鸡肉更有营养）。《三英亩地与自由》表达了一种思想，这一思想在 19 世纪中叶以后的欧美思潮中不断为人提及：要想过上幸福生活，一个人就应该努力逃脱对雇主的依赖而直接以自己的节奏、为自己的幸福工作。

如果说这一思想在《三英亩地与自由》发表之时逐渐盛行起来，那是因为在这一历史时期，不在自家农田或小型家庭作坊工作，而靠出卖脑力劳动和体力劳动来换取他人支付的工资的人在历史上首次占到多数。在 1800 年，美国劳动力的 20% 受雇于他人；到 1900 年，这一数字是 50%；到了 2000 年，这一数字是 90%。另一方面，雇主也在逐步雇佣更多的人。在 1800 年，美国劳动力不足 1% 的人受雇于有 500 人或更多人的机构；到了 2000 年，这一数字变成了 55%。

在英国，从一个以小规模的农业劳动者为主的国家向一个以雇佣劳动者为主的国家的转化是由公共土地的匮乏促成的。公共土地在过去养活了一大部分的人口，他们在此为自己种植食物，放养动物，如放养牛或鹅。从 18 世纪起，大多数英国“开放”的土地都被势力强大的地主用围墙和篱笆圈了起来。从 1724 年到 1815 年之间，大约有 150 万英亩的土地被圈。在传统马克思主义论述中（虽然遭到历史学家的严厉反驳，但仍然具有很强的揭示意义），圈地运动导致了现代工业无产阶级的诞生，而工业无产阶级是指那些无法依靠自己的资源生活，别无选择地向雇主出卖劳动力，来挣取一定工资的劳动者，而且他们的劳动关系严重偏向雇主的利益。

作为一个雇员，其痛苦不仅来自对不能被长期雇佣的担心，而且来自各种工作模式和运作机制所产生的羞辱感。几乎任何机构都具有金字塔式的等级结构，其中最底层的广大员工受制于上层的管理人员，谁将受到奖励，谁将受到处罚，变成了工作中最令人压抑的问题之一。和其他各种焦虑一样，这种焦虑也源于不确定性。因为在多数领域中，对成绩很难进行准确评估，因此升迁之路或贬谪之途具有明显的偶然性。各种机构的金字塔中，成功爬到顶端的并不一定是工作中的佼佼者，却往往是那些精通权术之人，而权术在文明生活中很难得以传授。

尽管现代企业和皇室宫廷表面看来大相径庭，但对如何在现代企业中生存，最一针见血的建议或许莫过于一批眼光犀利的贵族所传达的经验。他们在 15 世纪和 17 世纪之间的法国和意大利皇室宫廷中有过丰富的经历。这些人在退休之后把自己的思想整理成一系列愤世嫉俗的文章，这些文章大多笔触辛辣、措辞精炼，而且能够进一步降低他人言辞在我们心目中的可信度。例如马基雅弗利 (1469—1527)，圭恰迪尼 (1483—1540)，拉罗什富科 (1613—1680) 和拉布吕耶尔（1645—1696）的著作可以给我们的行为提供指南，工人们除了明确的日常工作之外，可以用它来指导其他方面的行为，以期获得事业上的发达。

对同事保持戒心的必要：

人类非常虚伪和阴险，善于欺骗和诡计，他们热烈追求自己的利益，却完全漠视他人的需求，因此，只要你不轻信任何事，不信任何人，你就不会犯错误。

——圭恰迪尼

跟敌人相处，我们应该时刻想着有朝一日敌人会成为朋友；同朋友相处，我们应该时刻想着有朝一日朋友会成为敌人。

——拉布吕耶尔

撒谎和夸大事实的必要：

世间获得奖励的不是美德自身，而是美德表现出来的特征。

——拉罗什富科

如果你在做一些重要事情，你必须隐藏失败，而夸大成绩。这虽然有欺骗之嫌，但既然你的命运经常取决于他人的观点，而并不取决于事实，因此给别人留下一切进展顺利的印象很有必要。

——圭恰迪尼

你是个老实人，从不会刻意去讨好或冒犯得势之人。你只是一心一意地忠实于老板和工作。那么你就完蛋了。

——拉布吕耶尔

威胁的必要：

被人害怕远比被人爱戴安全。爱戴受感恩纽带的维系，但因为人总是极端自私，因此只要人们一有利己的机会，就会打破这种纽带。但害怕建立在对惩罚的恐惧上，而对惩罚的恐惧则是永远有效的。

——马基雅弗利

既然大多数人既非十分善良又非极其智慧，因此与他人相处应该更多地依赖严厉，而非仁慈。

——圭恰迪尼

当然，我们可以掌握宫廷官吏的软硬两手，学会如何在同事中顺利航行，就像在犬牙差互的海岸线上航行一样——但这样做的必要性绝非令人心平气和。就办公室和厂房而言，很容易让人想起三英亩土地、半打鸭子和自由的诱惑。

4. 受雇主盈利原则的制约

雇佣工作的稳定可靠性不仅依赖于机构中的权术运作，而且依赖于公司在市场上保持盈利的能力，而任何生产商都很难长期保持有竞争力的地位和价格上的优势。残酷的竞争会给很多员工带来焦虑感，如同站立于一块正在融化的浮冰上，因为公司提高盈利率的最有效、最快速的途径几乎无一例外的是大幅度地裁员。

背负财政压力的公司往往会解雇来自高收入国家的员工，而雇佣来自偏远的、低收入国家的员工。它们也可能会与竞争对手合并来提高盈利率，在此过程中可以裁掉因员工合并而形成的富余人员。公司也可以研制机器，来替代员工。自动柜员机（ATM）1968 年研制成功，次年首次安装在曼哈顿汉华银行一家支行的墙上。10 年后，全世界有 5 万台自动柜员机；截止到 2000 年，全世界有 100 万台自动柜员机。不管自动柜员机的技术多么为人称道，银行出纳员没有任何值得为之庆贺的理由。一台自动柜员机可以做不少于 37 个银行出纳员的工作（而且很少生病），后来的各种数据都证实了这一比例。在美国，1980 年至 1995 年之间，银行业有 50 万名员工失业，大体上相当于从事银行日常营业工作的一半劳动力，其部分原因就是发明了这些快速高效的机器。

企业必须不断地为市场提供更新更好的产品，而员工也随时为企业的这种压力所能导致的结果忧心忡忡。在历史的长河中，物品和服务的生命周期曾经比提供和消费它们的人类的生命周期更为长久。在日本，和服和武士外套在 400 年间保持不变。在中国，18 世纪的人的穿着打扮和他们 16 世纪的祖先并无二致。在北欧的 1300 年至 1660 年之间，耕犁的样式没有发生过变化——这种稳定性肯定能够赋予技工和工人一种安全感，他们会觉得他们所从事的行业在他们的一生中不会有任何的改变。但自从 19 世纪中叶以来，产品的生命周期急剧缩短，从而破坏了工人认为自己从事的行业会保持长期稳定的心理。

新产品和新的服务方式的出现所导致的旧产品和旧的服务方式的急骤衰落在各个经济领域中司空见惯：铁路发明之后运河的衰落，喷气引擎发明之后客轮的衰落，汽车发明之后马匹作为运载工具的衰落，个人电脑出现后打字机的衰落等。

市场对创新的狂热追求逼迫生产厂家以高额成本进行产品开发，它们的得失成败往往取决于能否成功推出一个新产品。公司就如同惶惶不安的赌徒一样，在大赚一笔之后很难干净利落地脱身，而是如同顶着枪口，被迫继续把自己的资产和员工的生计押在几个乃至一个赌注的结果上，其结局要么是积累了并不稳当的巨额财富，要么就是把自己毁掉。

5. 受全球经济发展规律的制约

公司和其员工的生存受到经济整体发展规律的威胁。

西方国家的经济史，自从进入19世纪以来，一直遵循一种发展与衰退交替重复的模式。最典型的模式是四五年的经济发展之后，紧随着一两年的经济紧缩，偶尔会出现持续五六年之久的大面积的经济衰退。国家经济的曲线图就像起伏绵延的山脉一样。在曲线所有向下运动的地方都包含着长期运营的公司的破产，工人的下岗，工厂的倒闭，以及股市的崩盘。我们倾向于把这些不幸事件归结为偶发事件甚至在将来能够避免的因素。但是，不管各国政府以及各国中央银行如何努力，依然无法避免经济的起伏动荡。

每个经济周期都具有相似的主题。当经济开始增长，企业开始运用新的生产能力来满足预期中的未来需求时，一个新的经济周期开始了。生产成本会逐渐提高，资产价格特别是公司普通股和不动产的价格也随之提高，其中投机行为部分地起到了推动作用。这时候的银行贷款利息较低，鼓励企业加大投资，扩大生产和经营规模。一旦需求和流通输出开始减退，消费率就开始上升。这时候的储蓄额很低，个人和企业的借贷规模在继续扩大。为了满足国内需求，进口增加，而出口减缓，从而导致贸易逆差。经济到了此时已经失去了平衡：过度投资、过度消费、过度借贷。至此，经济开始转入衰退。由于生产效率的低下、货币供应的提高以及投机行为的猖獗，商品开始涨价。紧缩和高利率的信贷加重了高额债务的负担。在高涨过程中过度增值的资产开始贬值。借贷者无法偿还债务，债务抵押已经遭到贬值。收入、投资和消费水平同时下降。公司和企业要么身处困境，要么濒临破产；失业人数开始上升。由于信心的丧失，借贷和投资继续萎缩。在经济上升时期做出的长期投资开始投产，增加了市场供应量，但由于市场需求的不景气，从而加剧了价格下跌的趋势。公司和家庭被迫以低价出售资产，更加加剧了价格危机。潜在的买家在买前等待市场跌到谷底，从而进一步延缓了经济的恢复。

持续的焦虑绝非歇斯底里的体现，而是对经济环境的现实威胁所做出的真实反应。

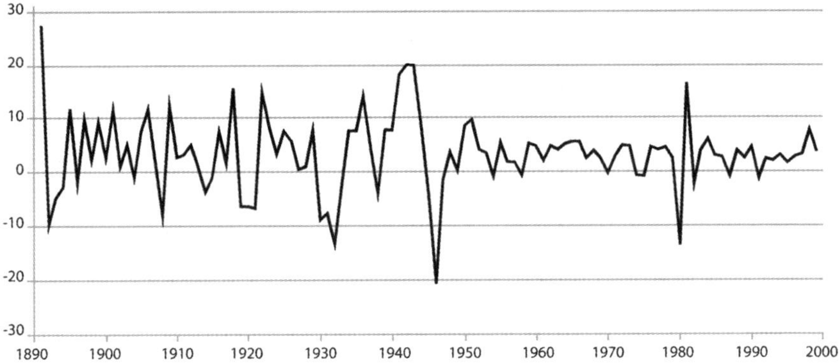

美国人均国内生产总值百分比变化图，1890—2000 年

2

如果失败的想法使我们痛苦，那是因为成功是唯一可以使这个世界对我们友好的可靠因素。家庭纽带、朋友之情或两性相悦可能有时候会使物质方面的动力变得无关紧要，但如果一个人依赖这些货币来寻求对自己需求的稳定满足，那么他不仅过于乐观，而且有欠审慎。人类除非具有强有力的理由，否则不会轻易喜笑颜开。

3

亚当·斯密在《国富论》中写道：

“但人类几乎随时随地都需要同胞的协助，要想仅仅依赖他人的恩惠，那是一定不行的。他如果能够刺激他们的利己心……他要达到目的就容易得多了……我们每天所需要的食料和饮料，不是出自屠户、酿酒家和面包师的恩惠，而是出于他们利己心的话。我们不说自己有需要，而说对他们有利。”

4

根据一种观点，肉店老板、酿酒商和面包店老板并不总是冷漠无情。他们有时会把食物摆上餐桌，并不是因为有人可以出钱购买，而是因为对方举止得体，令人如沐春风，或者对方是与自己亲戚相识的人。这种观点认为，经济自利原则并不一直是唯一起作用的因素；作为唯一起作用的经济自利原则是近期历史的发展结果，是现代和发达资本主义的产物。这种观点继续说，封建时代里，经济自利原则与非经济的关怀达成一种平衡。雇主把雇工当作自己大家庭的一员，而且对雇工怀有一定程度的信任和感激。基督教教义有助于营造人们关心爱护弱势群体和饥饿人群的氛围——以及帮助形成一种隐含的认识，即他们在困难时期会得到照顾。

然而这种家长式的、村社式的关系——以上这种观点继续认为——被 18 世纪后半叶上台执政的资产阶级破坏殆尽。通过掌控资本和技术而变得异常强大的资产阶级唯利是图。它永远不会感情用事，一切都以实用原则为准，它视员工为达到获利目的的手段，而毫不在乎他们的家庭，它绝不会受老弱病残和无辜儿童的需求的左右。同时，大批人口涌进大城市，但在大城市里，邻里间的友爱互助在充满竞争和喧嚣的氛围中不复存在。在弱势群体的不幸上面雪上加霜的是，基督教已经失去了对那些掌控权力杠杆的人的控制力，他们对穷人的尊重和对社区的感情随之消失得无影无踪。

卡尔·马克思是持这一观点最有力的代表人物，在《共产党宣言》(1848) 中，他用极度形象和极度夸张的、预示灾难的语言描绘了经济利益至上的情景："它（资产阶级）无情地斩断了把人们束缚于天然尊长的形形色色的封建羁绊，它使人和人之间除了赤裸裸的利害关系，除了冷酷无情的'现金交易'，就再也没有任何别的联系了。它把宗教虔诚、骑士热忱、小市民伤感这些情感的神圣发作，淹没在利己主义打算的冰水之中。它把人的尊严变成了交换价值……”

伊曼纽尔·康德在他的《道德形而上学原理》(1785)中认为，对他人的道德行为应该尊重“他人自身”，而不是为了赢得利益或博取名声把他人当作“手段”。在提到康德时，马克思批判了资产阶级利用他们所掌握的新的科学技术和经济学，大规模地从事一种“不道德行为”：“[国民经济学]把工人只当作劳动的动物，当作仅仅有最必要的肉体需要的牲畜。”马克思认为，付给工人的工钱就像“为了保持车轮运转而加的润滑油”。“工作的真正目的再也不是工人了，而是金钱”。

5

马克思可能是一个糟糕的历史学家，轻易地把前工业社会理想化，而过度地批判了资产阶级，但他的理论在揭示和描绘劳资双方不可避免的矛盾方面具有重要的价值。

尽管有各种地域、生产模式和管理方式的差异，但几乎任何商业机构的运行原理都可以用一个简单而乏味的公式来概括：

投入	产出
原材料＋劳动力＋机器 =	产品＋利润

任何机构都努力以尽可能低的价格购买原材料、劳动力和机器，将其合并之后生产出能够以尽可能高的价格出售的产品。从

经济学角度来看，公式投入一方的三种因素之间并无本质差异。所有三者都是商品，任何理性的机构都希望低价购进，然后进行有效经营，从而获取利润。

然而，令人不安的是，“劳动力”和其他因素之间的确存在一种差异，而这种差异在传统的经济学中没有得到论述或重视：劳动力能够感觉到痛苦。

当生产线变得过于昂贵而不会盈利时，它们会被停止生产，而不会因看起来对它们待遇不公正而痛哭失声。一家企业可以停止使用煤炭，转而使用天然气，而无须操心被遗弃的能源跳下悬崖。但劳动力则完全不同，他在自身的价格被压低或者在公司拒绝使用他们的时候，容易做出带有感情色彩的反应。他会在厕所大哭一场，他可能因为害怕工作业绩不佳而喝得酩酊大醉，他也可能在面临裁员时选择自杀。

这些感情反应向我们指出，在获得身份的领域中并存着两种需求：其一为经济需求，它要求企业的首要任务就是赚钱。其二为人性需求，它使员工追求经济的安全、他人的尊敬和对职位的保有。

虽然这两种需求可能长期共存，而没有表现出明显的冲突，但任何依赖工资的工人都无法在其生活中摆脱持久的焦虑，因为他们明白，只要这两者遇到冲突、需要从中选择时，根据商业运行的逻辑本身，胜出的一方永远都是经济需求。

至少在发达国家，劳资之间的冲突不再像马克思所处的时代那样表现得赤裸裸。然而，不管工作条件和劳动立法有多完善，工人始终是经济程序中的工具而已，在这个程序中，工人自己的幸福和经济上的富裕其实是次要的。不管老板和工人之间发展出何等深厚的同志情谊，也不管员工表现得有多么好，对工作长时间以来一直是兢兢业业，工人时刻明白，同时也时刻在焦虑他们的身份并不能得到保证——他们的身份不仅取决于自己的工作表现，也取决于单位的经济状况；他们仅仅是生产利润的工具，而永远不会像他们在感情层面上矢志以求的那样，以他们自己的需求为归宿。

6

如果雇佣关系的这种不稳定性意义重大，那么绝不仅仅是出于金钱的原因。让我们回到前面提到的主题，这种不稳定性对工人的重要意义也源于对爱的需求，因为工作是决定我们所能获得尊敬和关怀多寡的最关键因素。我们对从事什么行业这样一个问题——通常是与他人第一次接触时被问及的第一个问题——的回答将决定我们被他人所接受的程度。

但不幸的是，我们很少能够有把握拥有提供一个较高水平回答的能力。我们对此问题的回答取决于经济学家笔下的曲线图的沟沟壑壑、市场上的勾心斗角、运气和灵感的反复无常——但在另一方面，我们对爱的需求保持稳定不变，且丝毫不亚于孩提时代；因而在我们的需求和世界的不确定条件之间产生了一种不平衡，而这种不确定性构成了我们身份焦虑的第五个关键原因。

第二部分
解决方法

第一章　哲学

尊严和脆弱

1

1834 年在德国汉堡市，英俊的年轻军官冯 · 特劳特曼斯多夫男爵向一起服役的另外一个军官，冯 · 罗普男爵提出决斗的挑战，其原因是冯 · 罗普写了一首关于冯 · 特劳特曼斯多夫胡须的诗，诗中说他的胡须纤细疲软，而且暗示冯 · 特劳特曼斯多夫具有这种特征的身体部位绝不仅限于此。这首诗结果在朋友之间流传甚广。两个男爵之间的不和源自对同一个女人的狂热追求，她是洛多斯卡伯爵夫人，长着灰绿色的眼睛，是一位波兰将军的遗孀。由于无法和平解决两人之间的矛盾，两人在 3 月的一个凌晨在汉堡郊区约定见面。两人都带着剑，都不足 30 岁，都在接下来的决斗中死去。

这起事件绝非个别现象。从文艺复兴时期在意大利的出现，到第一次世界大战时的结束，决斗夺走了数十万计的欧洲人的生命。在 17 世纪，仅仅在西班牙一个国家因决斗而死的人就达 5 000 之多。凡是来到这个国家的外地人都得到警告，在同当地人打招呼的时候一定要当心，否则会伤害到他们的尊严，从而招来杀身之祸。“在西班牙每天都在发生决斗，”卡尔德隆[1]一部戏剧中的一个人物这样说道。1608 年在法国，谢伯里的赫伯特勋爵写道，“任何一个没有在决斗中杀死过他人的人，别人都会对他不屑一顾”，而在英国，人们普遍认为除非能够“拿起手中的剑进行决斗”，否则永远都成不了一个绅士。

虽然决斗有时候是由重大事件引发，但大多数决斗都是由琐碎细小的有关尊严的问题引起的。1678 年在巴黎，一个人杀了另外一个人，原因是后者说前者的住宅没有品位。1702 年在佛罗伦萨，一个文学人士终结了他的侄子的生命，因为他的侄子说他不懂但丁。在法国菲利普·多莱昂摄政时期，两个卫队军官在杜伊勒利宫为了争夺一只安哥拉猫的所有权而进行了决斗。

2

决斗现象体现了人们严重缺乏一种信心，那就是认为自己的身份是我们自己的事，我们自己能够对它进行决定，无须随他人评价的转变而做出调整。对决斗者而言，他在别人心目中的形象是能够帮助他建立他在自己心目中形象的唯一因素。如果周围的人认为他邪恶或卑鄙，认为他是一个胆小鬼或一个失败者，一

1 Calderón de la Barca, Pedro (1600—1681)：西班牙剧作家、诗人，是继洛佩·德·维加之后，西班牙黄金时代最著名的剧作家。——译者

个蠢蛋或一个女人气的男人，那么他在自己心目中的形象也变得无法接受。由于他的自我形象严重依赖他人的观点，因此他宁可死于枪弹或刀伤，也不能允许不利于他的想法在公众心目中继续存在。

整个社会把维护身份，或更确切地说，维护“尊严”变成了每一个成年男性的首要任务。在传统的希腊村镇社会中，尊严叫作“tīmē”；在穆斯林社会中，尊严叫作“sharaf”；在印度社会中，尊严叫作“izzat”——在上述任何一种社会中，人们都认为尊严需要通过暴力才能得以维护。在传统的西班牙社会，一个 honra[1] 男人必须健壮勇猛、长于床笫之欢，婚前善于在女人之间厮混，婚后保持忠贞不贰，并能够挣下足够的钱来养家，对妻子有足够的权威，能够保证她不会跟别人说一些调情的言辞或跟其他男人睡到一起。对尊严的玷污不仅源于他自己对原则的违反，而且也源于他没有以足够的暴力去应对来自他人的 injuria[2]。如果一个人在市场上被人当面羞辱，或在大街上被人满怀恶意地瞪了一眼，只要他没有向对方提出决斗的挑战，那么就相当于证实了别人对他进行冒犯的理由。

1 西班牙语，意为“有尊严的”。——译者

2 法语，意为“伤害”。——译者

3

虽然我们可能会不以为然地看待这些诉诸暴力来解决尊严问题的人，但我们和他们在思维模式的关键方面具有相同之处：在他人的轻蔑之下非常容易受到伤害。如同绝大多数决斗者一样，我们的自尊心是由他人赋予我们的价值所决定的。决斗虽然看起来与我们相去甚远，已经消失在历史的烟尘当中，但这一现象依然有助于揭示一种更为普遍的、在面对身份问题时人们容易受伤的感情倾向。

希望他人看重自己的强烈需要在历史长河中并没有丝毫减弱，依然占据着我们心理关注的首要位置。我们都害怕成为西班牙语所称的“deshonrado”或“蒙羞之人”，这一种类的人在当前的语言表达中可以通过“失败者”一词来完美地代表，我们对此的恐惧丝毫不亚于卡尔德隆或洛佩·德·维加[1]悲剧中的人物对此的恐惧。

如果因为我们没有达到某一职业目标或没有能力养家糊口，我们就会丧失自己应有的身份。这种情况对我们造成的痛苦跟传统社会中的人们在遭受尊严的损失之后感受到的痛苦并无二致，不管他们把尊严称为 honra，tīmē，sharaf 还是 izzat。

---

1 Lope de Vega(1562—1635)：西班牙“黄金世纪”著名剧作家，写过多达 1 800 部的剧本和数百部较短的戏剧作品，其中 431 部剧本和 50 部短剧留存至今。——译者

哲学与坚强

他人的头脑太过恶毒，不能作为我们自己真正幸福的栖身之所。

——叔本华《附录与补遗》(1851)

大自然从来没有命令我："要摆脱贫穷。"大自然也从来没有命令我："要尽力致富。"她只是请求我："你一定要自立。"

——尚福尔[1]《格言录》(1795)

决定我幸福的不是我的社会地位，而是我的判断；这些判断是我能够随身携带的东西……只有这些东西才是我自己的，别人无法从我身边拿走。

——爱比克泰德[2]《谈话录》(约 100)

---

1 Chamfort, Sébastien-Roch Nicolas (1740/1741—1794)：法国剧作家和善于辞令者。以风趣著称，所写格言在法国大革命期间成为民间流行的俗语。——译者

2 Epictetus (约 55—约 135)：与斯多葛派有联系的哲学家。用宗教语气宣传其学说，从而引起许多早期基督教思想家的重视。——译者

1

在公元前5世纪的希腊半岛，涌现出这样一群人：他们中的好多人都蓄有胡须，他们特立独行，丝毫不为困扰当时民众的身份焦虑所影响。这些哲学家对卑贱的社会地位所导致的心理结果和物质结果漠不关心，他们在面临侮辱、谴责和贫穷的时候安之若素。苏格拉底在雅典的大街上看见一群人手捧金银珠宝依次走过，他惊呼："看，这么多我不想要的东西。"亚历山大大帝在途经科林斯时，拜访了哲学家第欧根尼，发现他正坐在树下，衣衫褴褛，身无分文。亚历山大，这个在当时世界上最有权势的人，问是否可以帮他什么。"是的，"哲学家说，"如果你能从我面前走开的话。你挡住了太阳。"亚历山大的士兵惊呆了，他们认为他们的指挥官肯定又会大发雷霆，而亚历山大的发怒是举世闻名的。但亚历山大只是笑了笑，然后说如果他不是亚历山大，他肯定会想成为第欧根尼。有人跑来告知安提斯泰尼，说雅典的好多人都开始赞美他。"为什么，"他回答道，"难道我做错什么了？"恩培多克勒对他人的智慧有类似的看法。他曾经在大白天提着灯笼到处走，他说："我在找一个有智慧的人。"一个过路人看见苏格拉底在市场上遭人侮辱，便问他："你难道不在乎别人辱骂你吗？""为什么要在乎呢？难道你认为一头驴踢了我以后我会恨它吗？"苏格拉底回答道。

2

并非这些哲学家不再关注友好与讥讽、成功与失败的区分。世上有一种公式认为别人对我们的想法决定我们对自己的想法，而任何侮辱，无论正确与否，都会使我们蒙羞。而上述哲学家只是采取了一种方式，来应对这个公式中与传统尊严原则毫无关系的不良因素。

在与他人观点的关系中，哲学引入了一个新的因素，这一因素可以形象地描绘成为一个盒子：公众的观点，无论积极还是消极，首先纳入其中进行分析，然后把正确的观点赋予新的活力置入自我形象之中，而把那些错误的观点一笑置之，将其摒弃在外，从而不使其产生任何伤害。哲学家把这个盒子称为“理性”。

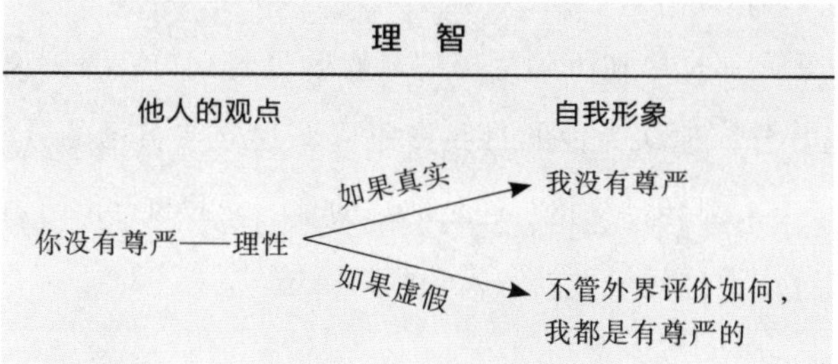

根据理性原则，对于一个给定的结论，仅当其源于思想的逻辑序列，而这些思想又建立在合理的前提之上，它才被视为真的。鉴于数学是严密思维的典范，哲学家也开始在伦理生活中寻求一种近似于数学的客观确定性。哲学家们认为，由于有了理性，我们的身份可以由我们的理智良心来确定，而不再受市场上他人一时的想法和感情的左右。如果理性分析证明我们受到了社会不公正的待遇，哲学家建议我们不要受这些言论的影响，就如同面对一个非要坚持 2 加 2 等于 5 的神志不清的人，我们会对此不加理会一样。

皇帝兼哲学家马可·奥勒留一生都在罗马不稳定的政坛上奋斗，他提醒自己，把听到的任何关于他的人品和功绩的评价首先诉诸理性分析，然后决定是否让这些观点影响他的自我观念。这一思想贯穿于他的《沉思录》（167）始终。“[你的品质]并不取决于他人对你的评价，”哲学家皇帝坚持认为，他所处的社会深信他人的评价决定一个人的尊严，但他对此提出质疑，“难道东西一受到赞扬，它的品质就会提高？难道一块翡翠如果没有人赞美它，它的品质就会降低？金子、象牙、鲜花或者一棵小草呢？”马可没有像常人那样，在听到赞扬的时候欣喜若狂，在听到诬蔑的时候沮丧万分，他认为他的自我形象应该建立在自己的分析之上：“是否每个人都会轻蔑我？这是他们的事。而我自己的事就是保证没有做过或说过任何可以遭人轻蔑的事情。”

3

我们不应该从以上论述中得出结论，认为他人的批评和谴责毫无例外都是站不住脚的。让理智良心来决定我们的价值，并不是无条件地期待他人的爱。不管我们做过什么，也不管我们犯过多大的错误，父母和恋人依然会看重我们，但哲学家则不同，他们认为即使父母和恋人的爱也可以用一定的标准进行分析，只不过这种标准不同于外部大世界经常陷入其中的飘忽不定、难以把握的标准。的确在有些时候，理智良心要求我们对自己更加严格要求，远甚于他人对我们的要求。哲学并没有完全摒弃成功与失败的等级对立，而只是重新确立判断过程。根据哲学观点，主流价值体系有时候会有失公正地让一些人蒙羞，同样，有时候也会有失公正地让一些人赢得尊重——在一些不公正的情形下，哲学可以帮助我们确立一种信心，即就算我们没有得到他人的溢美之词，依然有资格赢得他人的爱戴。

4

同样，哲学并没有否定特定类型的焦虑能够发挥积极的作用。就像一些在事业上非常成功的失眠症患者所一直强调的那样，唯焦虑者方能成功。

然而，我们虽然承认一些特定的焦虑感可以帮助我们追求安全的状态，发展自己的能力，但我们对与这些相同目标相关的其他感情的作用会持怀疑态度。我们会对一些境况或财物垂涎不已，但其实一旦拥有这些东西，反而会使我们为之烦心。我们会产生一些与我们的真正需求毫不相干的愿望，如果我们屈从于这些愿望，任由它们发展，我们既可能迈向健康与美德，也很可能会迈向放纵沉溺、雷霆大怒和自我毁灭。因为这些感情的根本特征就是要么超越目标，要么不及目标，所以哲学家建议我们，应该使用分析推理能力来引导这些感情，让它们朝一个正确的目标前进，确保我们想要得到的就是我们真正需要的，我们害怕的确实就是我们应该害怕的。

亚里士多德在《优台谟伦理学》（约前 350）中通过举例说明了一个观点：人的行为如果不加以反省自律，容易走向极端。他继而提出一个可靠而睿智的理想之道或中庸之道，要求我们应该依靠理性的帮助朝这个目标努力。

–	哲学理想	+
懦弱	勇敢	鲁莽
吝啬	大方	浪费
软弱	温柔	粗暴
木讷	机智	粗俗
无礼	礼貌	献媚

现在，我们可以加上另外一项：

对身份漠不关心	雄心勃勃	对身份过分狂热

理性的遁世态度

1

如果我们已经认真地听取了对我们行为的合理批评，对由我们的追求而引起的特定焦虑已经给予了足够重视，对我们的失败已经承担了应有责任，但社会依然赋予我们一个很低的身份，在这种情况下我们就有可能会采取西方传统中一些伟大的哲学家曾经采取的思维方式：在对我们身边的价值体系有了一个比较客观公正的理解之后，我们可能会采取一种理性的遁世态度，并且不带任何为自己的行为进行辩护或孤芳自赏的味道。

2

哲学家们长久以来坚持认为，如果我们对他人的观点进行仔细分析，我们就可能会立即发现一个令人沮丧不堪，同时又让人产生一种奇特的轻松感的事实：绝大多数人在绝大多数事情上的观点充满了严重的混乱和错误。尚福尔的思想表达了他之前和之后的哲学家的遁世态度，他言简意赅地说："公众舆论是所有观点之中最糟糕的一种。"

公众舆论的缺陷，究其原因，在于公众不愿意将自己的观点交由理性分析进行推敲，而是将自己的观点建立在直觉、感情和习俗之上。"我们可以肯定地说，任何一种被普遍持有的观点，任何一种被普遍接受的思想，都将是极其愚蠢的，因为它曾经为大多数人所相信。"尚福尔如此认为。另外他还说，那些被奉承地称作大众常识的东西往往应该叫作大众愚昧，因为所谓的大众常识总是受简单化、非逻辑、偏见和肤浅的制约："最荒唐的习俗和最可笑的仪式在任何地方都用同一句话来解释：但一直就这样啊。当欧洲人问西南非洲的霍屯督人为什么他们要吃蝗虫和自己身上的虱子的时候，他们恰好说的就是这句话。一直就这样啊，他们如此解释道。"

3

虽然被迫承认公众舆论的局限性是一件很痛苦的事情，但这种认识不管怎么样，还是能够缓解我们对身份的焦虑，能够缓解我们因强烈的渴望而带来的身心疲惫，因为我们总是渴望他人对我们怀有积极的评价，总是小心翼翼地渴望任何来自他人爱戴的表示。

他人对我们的赞赏可以说在两个方面对我们非常重要：一是

物质方面，因为社会对我们的遗弃能够带来物质方面的缺乏与危险；二是精神方面，因为一旦他人停止对我们表示尊重，我们就很难对自己继续怀有信心。

他人对我们缺乏关注所导致的第二种影响，正是一种哲学思维方式所针对的东西，并因此能够给我们带来益处，因为如果采取了一种哲学思维方式，我们就不会轻易让他人对我们的敌意或者忽视伤害我们，我们首先会对他人行为的合理性进行分析。只有那些既对我们非常不利又完全真实的言论和态度才会破坏我们的自尊心。我们经常处于一种自虐过程当中，在没有搞清他人观点是否值得关注之前就去寻求他人的赞赏；但只要我们对某些人的思想稍加研究，就会发现他们根本不值得我们尊敬，然而我们往往在弄清楚这一切之前就竭力想得到他们的爱戴。我们应该停止这一自虐过程。

从此我们可能会毫无恶意地蔑视一些人，就像他们蔑视我们一样——哲学史中充斥着表达以上遁世立场的各种观点鲜明的例子。

4

“一旦我们充分了解了他人思想的肤浅和空洞的本质、他人观点的狭隘性、他人感情的琐碎无聊、他人想法的荒谬乖张，以及他人错误的防不胜防，我们就会逐渐对他人大脑中进行的一切活动变得漠不关心。……然后我们就会明白任何一个过度重视他人观点的人给了他人过高的尊严。”哲学遁世主义的代表人物，阿瑟·叔本华如此说道。

这位哲学家在他的《附录与补遗》(1851) 中建议，要想改掉希望被他人喜欢的毛病，最快的途径就是对他人的品格进行研究，而他认为，他人的品格绝大多数都粗野残忍、愚蠢麻木。“打牌已经成为每一个国家最主要的社会娱乐方式，”他说，“它是判断社会价值的一种方式，同时也是思想与观点消亡的标志。”而且，这些玩牌的人往往生性狡诈、人品低劣：“coquin méprisable[1] 一词可以非常完美地用于形容世界上的相当一部分人群。”如果有些人并不邪恶，那么他们很可能就是无聊透顶。叔本华带着非常赞赏的口吻引述了伏尔泰的一句话：“La terre est couverte de gens qui ne méritent pas qu'on leur parle.”[2]

我们还能够非常重视这种人的观点吗？叔本华问。我们还能够在真正意义上继续允许他们的判断支配我们对自己的想法吗？我们还能够理智地把我们的自我形象置于一群玩牌者的手中吗？即使这些人的的确确对某人表示了尊重，但他们的尊重到底能值几何？或者如叔本华所提的问题：“如果一个音乐家已经知道，除了一两个人之外，所有的听众都是聋子，那么是否还会因这些听众发出的震耳欲聋的掌声而沾沾自喜呢？”

---

1 法语，意为“可鄙的恶棍”。——译者

2 法语，意为“这个世界充斥着不值得与其交谈的人”。——译者

5

这种在一定情况下对我们非常有用的真知灼见也有其固有的缺点，我们会因为认识到了这点而变得没有朋友。叔本华的同行、哲学遁世主义者尚福尔提到了这个问题：“一旦我们下定决心只去理会那些对我们做出评价时显得品行端正、纯洁善良、通情达理和实事求是的人，而这样的人把传统、自负和仪式完全等同于文雅社会的道具，因而对此毫不关注；一旦我们下此决心（而且我们必须下此决心，否则我们就会变得愚蠢、软弱或恶毒卑劣），其结果就是我们在一定程度上必须独自生活。”

叔本华认为这种情况无可厚非。“这个世界只允许我们在孤独与卑劣之间进行选择”，他说。而且他建议年轻人应该学会“如何与孤独为伍……因为一个人被迫与他人接触的机会越少，他的境况就会越好”。叔本华认为，幸运的是，任何一个稍有理智的人在与他人工作和生活一段时间后，都会自然而然地“不愿和他人有频繁的交往，就像一个小学校长决不会愿意和周围的一群吵吵嚷嚷、喧闹不休的孩子搅和在一起一样”。

这种观点说明，决心躲避他人并不意味着一个人在任何情况下都不愿和他人交往。这一想法只是反映了我们对所能够交往的对象的不满。愤世嫉俗的人都不过是理想主义者，他们对事物的要求标准很高，达到了常人所难以理解的程度。用尚福尔的话说：“我们往往把一个特立独行的人看作不喜欢人际交往的人。这样的说法就像把一个不愿在深更半夜去邦迪森林散步的人看作不喜欢散步的人一样。”

6

哲学家们在他们各自独立的研究中提出，我们应该遵循自己内心的良知，而不是遵循来自外部的赞扬或谴责。问题的关键不在于我们在一个随机形成的人群中看起来是什么形象，而在于我们自己知道自己是什么形象。用叔本华的话说：“只有击中目标的谴责才能使我们受到伤害。一个人如果真正知道他不应该受到某种谴责，那么他可以满怀信心地对此不屑一顾。”

如果我们接受这种遁世哲学的建议，那么我们就应该放弃在维护我们身份方面所采取的幼稚做法——这是一个我们永远都无法完成的工作，因为它在理论上要求我们跟任何一个对我们抱有负面评价的人进行决斗，将其杀死——只有接受了遁世哲学的建议并放弃了这种幼稚的做法，我们才能够在严密分析的基础上形成对自己价值的正确认识，并从中获得一种可靠而有根有据的满足感。

第二章　艺术

引　言

1

艺术到底有何用处？19 世纪 60 年代的英国，人们普遍在问这同一个问题，根据好多评论家的观点，答案是：艺术没什么用处。并非是艺术建造了大型工业城市，修筑了铁路，挖掘了运河，扩张了帝国，或使英国在世界各国中遥遥领先。事实上，恰恰好像就是艺术能够削弱那些使这一切成就得以实现的素质；长期耽溺于艺术会产生一定的危险，会导致阳刚之气的丧失，会形成过于内向的性格、同性恋的倾向、痛风病和失败主义。在 1865 年的一次演说中，来自伯明翰的下院议员约翰 · 布赖特把有文化修养的人士称为一群自命不凡的家伙，他们享有盛誉的唯一理由就是“对希腊语和拉丁语这两种死去的语言了解了一些皮毛”。牛津大学老师弗雷德里克 · 哈里森，对长期浸淫于文学、历史或绘画的好处持有同样刻薄的观点。“文化修养对那些为新书写评论的人而言、对那些以文学为业的人而言，都是一个值得称道的素质，”他承认，但“如果将其用于日常生活或政治生活中，文化修养仅仅体现为对吹毛求疵的癖好、对个人安逸的追求，以及在行动中的优柔寡断。文化人是活在这个世界上的最可怜的一种人。他们在迂腐不化和缺乏理智方面无人能及。对他们来说，任何想法都不会显得虚无缥缈，任何目的都不会显得脱离实际”。

当这些以实用价值为取向的艺术毁谤者，四处寻找艺术缺陷的例证的时候，他们就会发现在英国文坛上，最易招人攻击的目标就是诗人兼批评家马修·阿诺德。他是牛津大学的诗学教授，发表过薄薄的几部感伤诗集，在学者圈子里声誉甚佳。阿诺德习惯于拿着顶端镶有银子的手杖在伦敦的大街小巷溜达，他也喜欢用平稳的、高亢的声音说话，蓄着引人注目的长长络腮胡须，头发从中间分开梳向两边，但最糟糕的是，他居然在报纸上发表的一些文章和为公众所做的一些讲座中，轻率地提出艺术是人生中最重要的追求。在他所处的时代，正好是人们第一次能够用一个早晨从伦敦出发到达伯明翰，并且大不列颠已经为自己挣下了世界工厂的名声的时代。《每日电讯报》作为工业体制和君主制度的坚决维护者，被阿诺德的言论深深地激怒了。它把阿诺德称为“优雅的耶利米先知[1]”和“循循善诱的大祭司”，嘲弄地指责他想要诱惑勤奋工作、通情达理的人们“扔下自己的店铺和职责，去背诵诗词、吟唱歌谣和阅读散文”。

---

1 公元前 7 世纪和前 6 世纪的希伯来大先知。——译者

2

阿诺德一直对这个玩笑一笑置之，但到了1869年，他再也无法保持沉默，因此动笔写了一本书，来系统地讲述他所认为的艺术的目的和艺术为何在人类生活中举足轻重——甚至对发明了折叠雨伞和蒸汽机的一代人来说，依然如此。

阿诺德在他的《文化与无政府状态》一书的开始就列举了种种加诸艺术的责难。他说在多数人看来，艺术微不足道，别无所长，仅仅是“涂抹在人类伤痛上的加了香料的油膏，是为优雅的懒惰呆钝状态大做宣传的宗教，而且使它的信徒拒绝致力于消除罪恶。艺术的缺陷经常被概括为脱离实际，或者——如同很多批评家熟悉的说法一样——都是胡言乱语，不可理喻”。

阿诺德认为，伟大的艺术作品绝对不是不可理喻的胡言乱语，而是一种途径，这种途径可以帮助我们解决生活中隐藏在心灵深处的紧张和焦虑。不管艺术对“《每日电讯报》的年轻名流”来说是何等地脱离实际，它提供给我们的不是其他，而是对生存中的缺陷的解释和解决方法。

仔细研读伟大艺术家的作品，阿诺德认为，你会发现它们（或直接或间接地）“致力于消除人类的错误，澄清人类的混乱，降低人类的痛苦”。阿诺德说，所有的伟大艺术家都心怀一种愿望，“使这个世界变得比它原有的状态更加美好，更加幸福”。他们很可能没有使用明确的政治语言来表达自己的这种愿望，他们或许根本没有意识到自己有此种愿望，但在他们的作品中，总有一个声音在谴责现有社会的种种弊端，总有一种努力在试图纠正我们的谬误，教育我们如何去发现美丽，帮助我们了解痛苦，重新点燃我们对事物的敏感，通过让我们忧伤或大笑，培养我们感同身受的能力或使我们的道德观念平衡发展。阿诺德的结论就是这一章的主题所在。阿诺德说，艺术是“对生活的批判”。

3

那么，我们应该如何理解这句话呢？或许首先所能想到的最明显的理由就是生活是一个需要批判的现象，我们犯有原罪，具有各种缺陷，每时每刻都有犯错误的危险，例如对错误的目标进行顶礼膜拜，对自己蒙昧无知，对他人一味误解，毫无必要地满怀焦虑或贪欲重重，以及让虚荣和错误蒙蔽了自己的本性。艺术作品——小说、诗歌、戏剧、绘画或电影——可庄可谐，能够在不知不觉之中，潜移默化地向我们揭示自己的生活状态。它们有助于引导我们更正确、更审慎、更理智地理解世界。

鉴于最需要批判（或洞察和分析）的莫过于我们对身份以及如何获得身份的态度，因此我们就会毫不奇怪地发现，古今中外有众多的艺术家通过各自的作品，对人们在社会中获得地位的方式提出质疑。艺术史充满了对身份体系的不满，这种不满可以是讥讽的、愤怒的、抒情的、沮丧的或幽默的。

艺术与势利

1

简·奥斯丁于1813年春天开始动手写《曼斯菲尔德庄园》，次年完成发表。小说主人公是芬妮·普莱斯，一个羞涩、谦和的年轻女孩。她的家在朴次茅斯，极其穷困潦倒。为了减轻父母的生活负担和开支，她接受了姨父托马斯爵士和姨妈伯特伦夫人的邀请，前往他们宏伟堂皇的家——曼斯菲尔德庄园，跟他们和他们的4个孩子一起居住。伯特伦家族在英国郡内地位显赫，左邻右舍在谈到他们的时候充满了敬畏之情；他们有两个生性轻佻的女儿，玛丽亚和朱丽娅，都是十几岁年纪，有充足的钱用来购买衣物，每人都拥有自己的马；他们的大儿子叫汤姆，傲慢自大、轻率愚钝，把所有的光阴都打发在伦敦的俱乐部里，花钱交了一帮酒肉朋友，期待着父亲早点死去，这样他就可以继承家业和爵位。虽然托马斯·伯特伦和他的家人都深谙英国上层阶级惯常的自谦做法，但他们从来都不会忘记（当然也绝不允许别人忘记）自己显赫的社会地位，以及拥有一个大型庄园所带来的各种荣耀——在下午茶和晚宴之间的那段安静时光里，可以看见鹿在他们的庄园上四处溜达。

芬妮虽然能够同伯特伦一家人生活在同一个屋檐下，但她永远不可能与他们处于平等的地位。她所能享受到的一切都取决于托马斯爵士的决定；她的表兄表姐对她屈尊俯就，一派居高临下的姿态；邻居们对她的态度比较复杂，既有猜忌，又不乏怜悯；家里所有的人像对待侍女那样对待她，虽然喜欢她做伴，但没有任何必要在乎她的感情。

在芬妮到达曼斯菲尔德庄园之前，这个家庭对即将到来的寄宿者充满了焦虑，奥斯丁让我们偷听了他们的谈话。“我希望她别欺负我可怜的哈巴狗。”伯特伦夫人说。孩子们则很想知道芬妮穿着什么样的衣服，她是否会讲法语，是否能够背诵英国国王和女王的名字。虽然是托马斯·伯特伦爵士本人向芬妮的父母提出的邀请，但他还是准备接受最坏的情况发生：“我们很可能会在她身上发现很多看不顺眼的东西，我们应该做好思想准备，因为也许我们即将面对的是鄙俗无知、见解庸俗，以及令人沮丧万分的粗野行为。”伯特伦夫人的姐姐诺里斯夫人认为，应该从一开始就告诉芬妮，她现在不是，将来也永远不会是他们中的一员。托马斯爵士主张：“我们应该让她记住，她不是一位伯特伦小姐。我会很高兴地看到芬妮和她的表姐们能够融洽地相处，但她们不能平等交往。她们的地位、财产、权利和前途永远都是大相径庭的。”

芬妮的到来似乎证实了全家人对那些没有在大庄园长大的人怀有的偏见。朱丽娅和玛丽亚发现芬妮只有一条像样的裙子，不会说法语，孤陋寡闻。“你想想，我表妹连欧洲的地图都拼不到一起，”朱丽娅告诉她姨妈和她母亲，“她都说不出俄国最主要的河流，她从来都没有听说过小亚细亚——太奇怪了！你们听说过这样笨的人吗？你们都想不到，我昨晚问她去爱尔兰该怎么走，她说应该取道怀特岛[1]。”“亲爱的，”诺里斯夫人回答说，“这确实很糟，虽然你和你姐姐有非常棒的记忆力，你可怜的表妹有可能一点记忆力都没有。你得容忍她这样，你得同情她的缺陷。”

但简·奥斯丁并没有仓促下结论，到底谁有缺陷或在何种方面有缺陷，这个问题还有待于时间继续往前推进才能明了。大约在10年时间里，奥斯丁耐心地随着芬妮穿行于曼斯菲尔德庄园的门廊和客厅，倾听她在花园散步或在卧室休息时所说的话，阅读她的书信，偷偷地观察她的家人，密切关注她眼睛和嘴角的细微动作；奥斯丁还深入她的内心。就在这个过程中，奥斯丁逐渐明白了一种罕有的平和的美德。

不同于朱丽娅和玛丽亚，芬妮毫不在乎一个青年男子是否拥有宽敞的房子或贵族头衔，她因表哥汤姆满不在乎的残忍和无知而深受伤害，她在她姨妈对邻居的经济状况进行品头论足的时候悄然离去。同时，芬妮的这些亲戚们，虽然身份显赫，属于本郡的名门望族，但他们在另外一个身份体系——根据小说家的欣赏倾向而形成的等级体系——里的位置则不容乐观。玛丽亚和她的追求者拉什沃思先生，可以拥有马匹、房屋和遗产，但简·奥斯

1 怀特岛是英吉利海峡中的一个岛，与英格兰中南海岸相望。是著名旅游胜地和帆船运动中心。——译者

丁对他们为何相爱心知肚明，对此她不会轻易忘记："拉什沃思先生一开始就为伯伦特小姐的美貌所倾倒，打算娶她，而且马上认为自己爱上她了。21 岁的玛丽亚已经开始把结婚看作一种责任；而与拉什沃思先生结婚，可以使她享受大笔远胜于她父亲的财富，还可以保证她在伦敦拥有一幢住宅，只要有可能，嫁给拉什沃思先生是她目前首当其冲的任务。"

《名人录》和《德布雷特英国贵族年鉴》[1] 可能会对玛丽亚和拉什沃思先生心怀崇敬。但是在小说中的这段文字之后，奥斯丁再也不会对他们心怀崇敬，而且她也不会允许读者有这种想法。小说家摒弃了以社会地位为依据的判断标准，这个标准强调财富与权力的作用；转而采用一种以道德为依据的判断标准，而这个标准强调一个人素质的价值。通过后一个标准，位高权重的人可以显得很渺小，而那些被社会遗忘、离群索居的人可以显得很高大。在这部小说的世界里，人们道德素养的高低与财富的多寡并不直接相关。举止得体的富人并不一定就具有美德，而缺乏正规教育的穷人也并不一定就缺乏美德。持有美德的人很可能是一个丑陋的瘸腿男孩，一个穷困潦倒的看门人，一个阁楼上的驼背，或对地理知识一无所知的女孩。芬妮固然没有华贵的衣服可穿，也无钱可花，对法语一窍不通，但在《曼斯菲尔德庄园》临近结尾的

1 *Debrett's Guide to the Top Families of England*：初版由英国出版家约翰·德布雷特于 1803 年编纂出版。——译者

时候，因为她高贵的灵魂使她成为一个与众不同的人物，而家里的其他成员虽然具有贵族头衔，在社会上也各有建树，但在道德上却陷入一片混乱。托马斯·伯特伦爵士让势利毁掉了他所有孩子的教育，他的两个女儿为钱嫁了人，各自为自己的决定付出了惨重的感情代价，而他的妻子却变成了铁石心肠的人。曼斯菲尔德庄园的等级体系完全颠倒了。

但奥斯丁并没有像一个说教者一样简单直接地宣扬她的等级体系，而是使用一个伟大小说家的技巧和幽默使我们在不知不觉中支持她的道德等级体系，而反对社会等级体系。她并没有直接告诉我们她的区分人物优劣的标准为何极为重要，而是通过小说的娱乐性向我们展示了这一点，她安排故事情景使我们发笑，使用各种手法让我们产生足够的兴趣，使我们想尽快结束晚饭去继续阅读。在读完《曼斯菲尔德庄园》之后，我们从奥斯丁的小说世界中出来，重新回到现实世界之中，我们会像她在小说中所教的那样去待人接物，我们将学会辨认和避免贪婪、傲慢和狂妄，转而欣赏我们自己身上和他人身上的美德。

奥斯丁的小说满载着她崇高的愿望，虽然众所周知，她谦逊地把自己的艺术创作称为“用非常细小的画笔在2英寸长的象牙上作画，虽然劳动很艰辛，但并不能对他人产生较大的影响”。她的艺术创作是通过如其所说的对“三四个处在乡下的家庭”进行描绘分析，从而对我们的生活进行批判，进而改进我们的生活。

2

并非只有奥斯丁有此崇高的愿望。几乎在每一部 19 世纪和 20 世纪的伟大小说中，我们都可以发现对标准的社会等级制度的攻击或质疑，这些小说往往摒弃了以财产和血统来判断人的标准，转而采用道德标准来衡量人物的优劣高下。小说中的男女主人公只有在很少的情况下才是《德布雷特英国贵族年鉴》或《名人录》关注的人物。社会地位很高的人物可以成为道德地位很低的人物，社会地位很低的人物可以成为道德地位很高的人物。在巴尔扎克的《高老头》（1834）中，我们喜欢的人物绝对不是拥有镀金宅第的纽沁根夫人，而是在破烂的寄宿旅馆中勉强度日的高老头，他年迈体衰，牙齿都已经脱落了。在哈代的《无名的裘德》（1895）中，我们尊敬的对象也不是那些大学里的师生们，而是那个生活窘迫，没有受过正规教育，整天在修理各个学院中的各种形状雕刻品的石匠。

小说通过呈现被遗忘人群的生活，对占主导地位的等级观念在想象的领域起到抵制作用。在小说中，整天忙于做饭的女仆可以是兰质蕙心、品格高尚，而笑起来声音嘶哑，拥有银矿的男爵则可以是品格低下、尖酸刻薄。

如果我们经常忘记这些小说给我们的教导，那是因为只有在极少数的情况下，他人的美德才会通过外在的成就而得以体现，从而吸引我们普通的、飘移不定的注意力。乔治·爱略特[1]在她的小说《米德尔马契》（1872）的开篇部分讨论了人们只崇拜外在成就的趋向，为此，她在她的女主人公和（阿维拉的）圣德雷莎[2]这两个看来毫无可比性的人之间做了一个身份的比较。由于幸运和环境使然，圣德雷莎出生于一个富有的、有各种社会关系的家庭，因此——爱略特提醒我们——她能够用具体的行动来体现自己的美德和创造力。她建立了17座女修道院，她与当时最虔诚的教徒进行交流，她写了一部自传和一些关于祈祷和神秘幻象的文章，她成为罗马天主教会最主要的圣徒和最伟大的神秘主义者之一。在她去世的时候，德雷莎的身份已经充分地体现了她的美德。但乔治·爱略特提醒我们，世界上有相当多的人具有这位西班牙圣徒类似的智慧与创造力，但没有能够把他们的素质用行为得以展示，其原因在于他们自身所犯的错误以及不利的社会条件，这些人的身份与他们的内在素质往往没有多大的联系。爱略特写道："许多德雷莎降生到了人间，但没有找到自己的史诗，无法把心头的抱负不断转化为引起深远共鸣的行动。她们得到的也许只是一种充满谬误的生活，那种庄严的理想与平庸的际

1 George Eliot(1819—1880)：本名玛丽·安·克罗斯，英国维多利亚时代杰出的小说家之一，她开创了现代小说通常采用的心理分析的创作方法。——译者

2 St. Teresa of Avila(1512—1582)：西班牙阿维拉人，出生在基督教家庭，1536年成为天主教圣衣会修女，著有《完美之路》、《心灵堡垒》等被天主教视为重要文献的作品。——译者

遇格格不入的后果，或者只是一场失败的悲剧，得不到神圣的诗人的歌咏，只能在凄凉寂寞中湮没无闻。”小说《米德尔马契》一开始讲述的就是这样一位女人的生活，她名叫多萝西娅·布鲁克，

生活中的身份——小说中的身份

小说名称	小说中身份很高， 生活中身份很低	生活中身份很高， 小说中身份很低
《约瑟夫·安德鲁斯传》 （1742） 亨利·菲尔丁	约瑟夫·安德鲁斯 亚当斯牧师	布迪夫人 特鲁利博牧师
《名利场》 （1848） 威廉·萨克雷	威廉·都宾 爱米丽亚·赛特笠	利蓓加 乔斯·赛特笠 乔治·奥斯本 毕脱·克劳莱爵士 罗登·克劳莱
《荒凉山庄》 （1853） 查尔斯·狄更斯	埃丝特·萨默森 布克特	德洛克一家 恰德班德先生 杰利比太太 理查德·卡斯顿
《白衣女人》 （1860） 威尔基·柯林斯	安妮·凯瑟里克 玛丽安·哈尔科姆	珀西瓦尔·格莱德爵士 福斯科伯爵 弗雷德里克·费尔利
《我们生活的方式》 （1875） 安东尼·特罗洛普	保罗·蒙塔古 布雷格特先生 约翰·克拉姆	奥古斯塔斯·梅尔莫特 玛丽·梅尔莫特 费利克斯·卡尔伯里爵士 多利·朗杰斯塔夫 乔治亚娜·朗杰斯塔夫 尼德戴尔勋爵

19 世纪前半叶生活在英国的一个小镇米德尔马什，小说批判了世人的势利心态，一旦与“人们一贯认同的行为”没有直接关系，爱略特所说的“高贵的精神”就会遭到忽略。

多萝西娅可能会拥有同圣德雷莎一样的美德，但这个只关注身份符号的世界对她的美德视而不见。因为她嫁给了一个体弱多病的牧师，然后在牧师去世的一年多，她放弃了她的财产，嫁给了她亡夫的表侄（此人既无产业，出身也不好），所以整个社会都认为多萝西娅不是一个“漂亮的女人”，到处都在流传着关于她的流言蜚语，没有人愿意与她为伍。“当然，她一生中这些决定性的行为，并不像理想中的那么美好，”爱略特承认。“这是年轻而正直的精神在不完美的社会条件下挣扎的结果。”然而，爱略特用 19 世纪英国小说中最扣人心弦的语言，要求我们不要局限于多萝西娅不被社会所接受的婚姻和她碌碌无为的一生，从而认识到在家庭的或很有限的空间里，多萝西娅同圣德雷莎一样圣洁：“她那高尚纯洁的精神不虞后继无人，只是不一定到处都能见到罢了。她的完整性格，体现在那些名不见经传的溪流渠水之中，从此不再在世上享有盛誉了。但是她对她周围人的影响，依然不绝于缕，未可等闲视之，因为世上善的增长，一部分也有赖于那些微不足道的行为，而你我的遭遇之所以不致如此悲惨，一半也得力于那些不求闻达，忠诚地度过一生，然后安息在无人凭吊的坟墓中的人们。”

我们用下面的话对这部小说的整体概念做一个全面的总结：

一部艺术作品应该有助于我们理解和欣赏那些在无人凭吊的坟墓中安息的每一个平凡人生的价值。“如果艺术不能够激发我们的同情心，那么它在道德方面将毫无作用。”乔治·爱略特这样认为。

在扎迪·史密斯[1]的《白牙》(2000)中，我们见到的是萨马德，一个中年的孟加拉国人，在一家印度餐馆做服务员。他的上司对他的态度极为恶劣，他每天都一直工作到凌晨3点钟，不得不侍候那些行为粗俗的顾客，这些顾客会阔绰地赏他15美分的小费。萨马德梦想着有一天能够重拾尊严，摆脱他的身份所带来的物质影响和心理影响。他渴望唤起他人对他内在价值的关注，然而顾客很难发现他的内在价值，他们只是在点菜的时候抬头看他一下（“烤鸡加油炸土豆条，谢谢”）。他想象在自己脖子上挂一块牌子，上边的字很大，大到全世界都可以看见：

> 我不是一个服务员。我曾经是一个学生、一个科学家、一个军人，我妻子叫阿尔萨娜，我们生活在伦敦东区，但我们想搬到北边去。我是一个穆斯林，但安拉已经抛弃了我，或者我已经抛弃了安拉，对此我并不确定。我有一个叫阿齐的朋友，还认识一些其他的人。我今年49，但当我走在大街上的时候，还是会有女人回过头来看我。当然是有时候而已。

1 Zadie Smith(1975—)：英国女作家，毕业于剑桥大学，24岁时发表小说处女作《白牙》一举成名，成为英国文坛一颗耀眼的新星。——译者他从未拥有过这样一块牌子，但他得到了另外一样美好的东西，小说家赋予了他表达自己思想的声音。萨马德生活于其中的整部小说在一定意义上来说就是一块巨大的牌子，而这块牌子将使读者从此以后很难再用一种随随便便、满不在乎、缺乏人性的语气要求服务员为自己定一份烤鸡。通过阅读此书可以拓展我们的同情心；而且这部小说的整个发展进程很可能就是一系列牌子，用来告诉这个世界：

> 我不只是一个服务员、一个离了婚的男人、一个通奸者、一个小偷、一个没有受过教育的人、一个古怪的小孩、一个杀人者、一个罪犯、一个学校的失败者，或一个生性腼腆没有多少话为自己辩护的人。

3

绘画也可以对这个世界用来衡量何人重要或何物重要的标准提出挑战。

让-巴蒂斯特·夏尔丹[1]在1746年画了一幅画《病人的膳食》。一位衣着朴素的妇人站在一间家具简陋的屋子里，充满耐心地为

1 Jean-Baptiste-Siméon Chardin(1669—1779)：法国静物和家庭景物画家。在他的风俗画中，他所画的家庭主妇纯朴、衣服整洁，她们的居室也同样干净利落。画面使人产生亲切与和美的感觉。——译者

让-巴蒂斯特·夏尔丹:《病人的膳食》, 1746 年

一个我们在画面上看不见的病人剥鸡蛋。这是普通人生活中极为普通的一刻。为什么要选这些东西来作为绘画素材呢？就他的大多数作品而言，批评家一致认为很难就选材的原因进行回答。他是一位天才的画家，经常神秘莫测地投入很大的精力来画面包片、破碎的盘子、刀叉、苹果和梨，或劳动阶层和下层民众在简陋的厨房或客厅在做他们各自事情的情景。

根据法国美术学院所规定的艺术准则，这当然不是人们所公认的一个伟大的艺术家应该画的内容。自从法国美术学院于1648年由路易十四建立起，它就把各种类型的绘画按照重要性进行了等级排序。排在首位的是历史绘画：用来表达古希腊、罗马的高贵庄严或描绘圣经中的伦理故事。排在第二位的是肖像画，特别是国王和王后的肖像画。接下来排到第三位的是风景画，排到最后的才是被轻蔑地称为“风俗情景画”的作品，用来描绘非贵族阶层的家庭生活。艺术的等级序列直接对应于艺术家画室之外世界的社会等级序列，在艺术家的笔下，骑在马上巡视自己的大片土地的国王，人们自然而然地赋予他高尚的地位，而正在剥鸡蛋的衣着朴素的妇女根本不能望其项背。

人们趋向于认为一个妇女的家务劳动或一个沐浴在午后阳光中的破旧陶器没有多大的价值，但夏尔丹用他的艺术颠覆了这种看法（“夏尔丹教导我们，一只梨可以像女人一样富有活力，一个水壶可以像宝石一样美丽动人。”——马塞尔·普鲁斯特）。

在绘画史上，我们还可以找到为数不多的同夏尔丹具有相

托马斯·琼斯:《那不勒斯的屋顶》,1782年

同创作原则的画家,发现为数不多的可以纠正我们对重要性的习惯看法的作品。例如,威尔士画家托马斯·琼斯,他从1776至1783年一直在意大利作画,首先在罗马,然后在那不勒斯。就是1782年4月上旬在那不勒斯,琼斯完成了可以跻身西方艺术史上最伟大的纸上油画行列的两幅作品:《那不勒斯的屋顶》(现在悬挂在牛津阿什莫尔博物馆)和《那不勒斯的建筑》(现在收藏于加的夫的威尔士国家博物馆)。

琼斯描绘的情景在地中海的小镇上处处可见，在这些小镇上，房屋沿着狭窄的街道紧紧地挤在一起，每家的房屋都挨着周围建筑物的裸露的墙壁。在暖洋洋的午后，街道显得很安谧，窗户半闭着。我们可以偶尔看见一个在一间屋子里来回走动的妇女的轮廓，和在另一间屋子里睡觉的男人的轮廓。有时候可以听见小孩在叫，或听见一位老太太在阳台上晾衣服发出的窸窸窣窣的声音，看见阳台上装着锈迹斑斑的栏杆。

托马斯·琼斯:《那不勒斯的建筑》, 1782 年

琼斯给我们展示了这一情景：在南方相互连接的墙壁上，强烈的光线照亮了因风吹雨打而变得斑斑驳驳的灰泥，光线勾勒出每一块凹陷的、残缺的地方，就像渔夫饱经风霜的粗糙的双手一样，可以唤起我们对时光流逝的感慨；四季流转，一刻不停，单调沉寂的夏季炎热让位于狂怒的冬季暴风雨，经过了一段似乎没完没了的时间，冬季的暴风雨也会被试探性的春季阳光所替代。琼斯画笔下的石头和灰泥充分地体现出了黏土、石灰和地中海山坡上坑洼不平的石块的质地。纷繁复杂的建筑给我们留下了一个城市的印象，三教九流的人物在这个城市中生活——在每个窗户后面，生活着积极向上的人、无聊乏味的人、游戏人生的人以及走投无路的人，这些人物的复杂程度丝毫不亚于伟大小说所塑造的人物的复杂程度。

我们很少关注屋顶，我们的眼睛很容易被罗马寺庙和文艺复兴时期教堂的金碧辉煌所吸引。琼斯把被人遗忘的角落呈现出来供我们思考，把它潜在的美表达出来，使它能够被人看见，从而在我们对幸福的理解当中，再也不会认为南方的屋顶毫无价值。

19 世纪丹麦画家克里斯滕·克布克是另外一个对我们的价值判断标准提出质疑的伟大艺术家。在 1832 年和 1838 年期间，克布克在他家乡哥本哈根四处游历，参观了当地的郊区、街道和花园。他的一幅画上是一个夏日的下午在田间反刍的两头奶牛。他的另一幅画上是两个男子和他们各自的妻子，他们正在从湖边的小帆船上下来。此时天色已晚，夜幕迟迟不肯笼罩大地，最后一色天光漂浮在空旷的天地间，似乎永不逝去（月亮很可能刚刚出来），这些光线预示了一个宁静的夜晚，人们在这个夜晚可以不用关闭窗户，也可以铺一条毯子睡在外边的草地上。他是在腓特烈斯城堡的屋顶上观察到的这一切，直直往前望去，可以看见排列整齐的田野、花园和耕地；这是一幅井然有序的社会图画，人们在平淡的生活中获得乐趣，过着怡然自乐的生活。

如同夏尔丹和琼斯的作品一样，克布克的作品中包含着对价值判断方面占统治地位的物质标准的挑战。这三个艺术家似乎都认为，如果夏日黄昏的天空、阳光下凹凸不平的墙壁，或为病人剥鸡蛋的无名妇女属于那些我们真正想看到的美好景象，那么我们就不得不去怀疑那些传统教育教给我们应该去尊重或羡慕的东西的价值。

克里斯滕·克布克:《索特丹湖堤》, 1838 年

克里斯滕·克布克:《腓特烈斯城堡的屋顶》,1834—1835 年

给餐具柜上的水壶或田野里的奶牛赋予这样一个准政治化的价值判断似乎有点牵强附会，但克布克、琼斯或夏尔丹的作品的道德涵义极为深远，远远超出了我们习惯性地赋予一幅在纸上或布上所作的绘画的涵义，令人心荡神驰。像简·奥斯丁或乔

克里斯滕·克布克：《莱姆基尔恩周边的景色》，1834—1835 年

治·爱略特一样，这些描绘日常生活的伟大艺术家能够帮助我们纠正一系列势利观念，从而对人世间何者应该受到尊重，何者应该获得荣耀得到全新的认识。

悲 剧

1

工作失败本身固然可怕，但如果我们没有意识到一旦失败，就会受到他人苛刻的品头论足，失败也不会变得如此恐怖。我们除了惧怕失败所导致的物质损失之外，还惧怕世人对待失败的毫不宽容的态度，即世人倾向于把那些在事业上没有取得成功的人称为“输家”——这个词语冷漠地指向两层含义，首先是指称一些人在某些方面受到损失，其次说明他们的所作所为使他们丧失了获得同情的权利。

世人在讨论大多数境遇悲惨的人的时候，其语气总是苛刻而有欠宽恕，因此如果把一些文学名著中的主人公——俄狄浦斯、安提戈涅、李尔王、奥赛罗、爱玛·包法利、安娜·卡列尼娜、海达·加布勒或苔丝——的悲惨命运交给一伙同事或一帮学校的朋友进行讨论，他们的形象将会在这个过程中大打折扣。但如果让报纸来评论他们，他们的形象则会更加糟糕：

奥赛罗——因爱情而失去理智的移民杀死了参议院的女儿

包法利夫人——有购物狂倾向的女通奸犯在信用欺诈之后服毒自杀

俄狄浦斯王——因与母亲发生性关系使得双目失明

如果这些新闻标题显得有点别扭，那是因为我们一直习惯地认为这些姓名所指代的人物具有内在的复杂性，应该受到严肃而尊敬的对待，而不应该像报纸对待它的受害者那样以色情和批判的语言描绘他们。

但实际上，这些人物身上并没有任何东西能够使他们毫无争议地成为关注和尊敬的对象。这些文学作品中传奇式的失败人物之所以显得庄严高贵，并非由于他们自身的素质和品德，而是由我们看待文学作品的方式所决定的，而这些方式是由其作者和记录者教给我们的。

有一种与众不同的文学体裁，它从诞生之日起，就致力于讲述伟大人物的失败故事，而不带任何讥讽或评判的语言。这种文学体裁并没有免除人物对自己行为应该负有的责任，它的主要成就在于给予这些陷入灾难的人们——蒙羞的政治家、杀人犯、破产者、感情冲动者——一些合理的同情，而这些同情是普通民众永远无法得到的。

2

悲剧艺术始于公元前 6 世纪的古希腊戏剧，用来讲述一位英雄——通常出身高贵的英雄，一位国王或一位著名勇士的故事，他们往往通过自己的错误，使他们丧失显赫而受拥戴的地位，从而面临毁灭和耻辱。悲剧陈述故事的方式能够同时产生两种影响，其一是能够使观众不愿贸然批判这些英雄的所作所为，其二是观众变得更加谦卑，因为他们认识到如果有一天，他们也将面临这些英雄人物曾经面临的困境，他们也会很容易遭受毁灭。悲剧在讲述幸福生活实属不易时，令观众悲伤；悲剧在讲述追求幸福生活时的失败事例时，令观众谦和。

报纸具备一套可以把别人定义为心理变态、怪物、失败者和输家的语言，它对人的理解处于一个极端的状态，而报纸的反面则是悲剧。悲剧力图在罪有应得和全然无辜之间架起一道桥梁，使我们对责任的惯常理解提出质疑，它是一种最为复杂的心理呈现模式，一种对他人最为尊重的表达方式，它认为人们在丧失尊严的同时，不应该被剥夺让别人听到他们心声的权利。

3

亚里士多德在他的《诗学》(约前350)中力图规定一部令人印象深刻的悲剧应该具备的核心要素。他认为，应该有一个中心人物，事件应该在相对集中的时间和空间中展开，而且不出所料地认为，“人物命运的改变”不应该是“从悲惨到幸福”，而是正好相反，“从幸福到悲惨”。

但一部好的悲剧还应该具备其他两个更能体现悲剧本质的要求。悲剧人物不能过好，也不能过坏，他在道德水平上应该处于日常的、普通人的层面，我们很容易就能够跟他联系到一起，他应该具有一些优良的品质，但也不乏一些缺点，比如过度的骄傲、愤怒或冲动。主人公然后可能会犯一个严重的错误，但绝对不是出于内心深处罪恶的目的，而是出于亚里士多德用希腊语称为 hamartia[1] 的东西，比如判断错误、一时的盲目、一个行动上的或感情上的失误。主人公的悲剧性弱点将会导致最可怕的 peripeteia，也就是命运的逆转，在此过程中，主人公可能会丧失掉自己珍爱的一切，而且几乎无一例外地赔上自己的性命。

建立在与主人公认同的基础上，观众会产生对主人公的怜悯和对自己状况的恐惧，这是悲剧故事带给我们的感情的自然反应。悲剧作品能够让我们受到教育，使我们谦虚地看待自己应对灾难的能力，并同时引导我们同情那些已经遭受灾难的人们。当我们离开剧院的时候，我们再也不会轻易地以一种高高在上的态度对待那些犯了错的人们和失败的人们。

亚里士多德显然认为，我们对他人惨败的同情几乎全都是因为我们强烈地意识到，一旦把我们置于特定的环境中，我们也会非常容易地遭遇与他们相同的悲惨经历；同样，一旦他人的行为看起来是那些我们永远也不可能有的行为的时候，我们对他们的同情就会大打折扣。当我们听到一些在我们看来是不可思议的事情的时候，例如轻率地同他人结婚，与家人发生乱伦事件，妒火中烧的时候杀死了自己的恋人，向老板撒谎，盗窃金钱，或让贪

1　希腊语，意为“悲剧性的弱点”。——译者

婪的本性毁掉自己的前程，我们就会问：一个头脑清醒、心智健全的人怎么会做那样的事情？只要我们认为有一道生铁铸就的墙壁把我们的本性和境况同他人的本性和境况截然分开，只要我们认为我们可以很安全地一直保持一种傲慢自得的态度，我们的大度和容忍就会被冷酷和讥讽取而代之。

但悲剧作家让我们认识到一个几乎难以接受的事实：在人类历史的长河中，任何一个有罪的人所犯的每一个错误都可以追溯到我们自己的某一方面的本性；在我们内心囊括了人类所有的品质，包括最优秀的品质和最恶劣的品质，在合适的情形下，或不如说，在错误的情形下，我们能够干得出任何事情。一旦观众认识到这个事实，他们就有可能摆脱他们傲慢自得的态度，从而感觉到自己施与同情和保持谦虚的能力大有提高；他们会接受这样一个事实：他们个性中的一些不良品质虽然一直没有导致严重的事件发生，但一旦置于特定的情形之下，这些缺点就会毫无约束地、灾难性地占据整个心灵，从而轻易地把他们的生活破坏殆尽——然后，他们的屈辱程度和悲惨程度将会毫不亚于那些报纸上的"因与母亲发生性关系使得双目失明"的新闻标题所指称的主人公的遭遇。

4

亚里士多德的悲剧艺术主张最完美的体现者是索福克勒斯的《俄狄浦斯王》——这部于公元前 430 年春天在雅典的酒神节上首

次上演的戏剧。

索福克勒斯的主人公是忒拜的国王俄狄浦斯，他以聪明才智战胜了威胁城邦多年的斯芬克斯，因为这项功绩而被加冕为国王，当了国王之后，他施行仁政，受到人们的拥戴。尽管如此，这位国王并非毫无瑕疵。他性格暴躁，容易发怒。这戏剧还未开场的许多年以前，他在狂怒中杀死了一位老人，因为老人拒绝为他让开通往忒拜的路。但这件事情很快就被淡忘，因为此后紧接着发生了一系列事件：俄狄浦斯战胜了斯芬克斯，城邦享受着一段繁荣而安定的生活，俄狄浦斯娶前国王的漂亮的王后伊俄卡斯忒为妻，前国王拉伊俄斯在通往忒拜的路上，在与一个年轻人的莫名其妙的战斗中被杀。

然而，当戏剧开场时，一场新的灾难降临到城邦。一种奇怪的瘟疫在人群中肆虐，而且无药可救。万般无奈之下，老百姓只有求助于皇室。俄狄浦斯的内弟克瑞翁，被派往特尔斐的阿波罗神殿寻求答案，神谕以格言的方式告诉他城邦因为内部有一件污秽的事而受到惩罚。克瑞翁和其他大臣商议后认为，此事肯定指前任国王的谋杀迄今为止还没有抓到凶手。俄狄浦斯也同意这一看法，他发誓要亲自负责找到凶手，然后毫不手软地惩罚他。

伊俄卡斯忒一听到这个消息，脸色立刻大变。她第一次想起了多年以前的另一个预言：她的丈夫拉伊俄斯将被自己的儿子杀死。为了防止危险发生，当她和老国王生下一个男婴以后，就令人把婴儿置于山腰，任其死去。然而，负责丢弃婴儿的牧羊人非常同情婴儿，把他交给科林斯国王收养。当孩子长大成人之后，一个神谕告诉国王和王后，他们的儿子将会杀死他的父亲，并娶母亲为妻。为此俄狄浦斯离开了城邦在希腊四处游历，最终到达忒拜，在战胜斯芬克斯之后成为忒拜的统治者——此前，一个倔强的老人曾经挡住了他去忒拜的路，从而发生了一起悲惨事件。

伊俄卡斯忒第一个认识到了事情的真相，她回到皇宫自己的房间里悬梁自尽。俄狄浦斯发现她悬在梁上，割断绳子，放下她，然后拿起她衣服上的胸针刺瞎了双眼。他拥抱了两个女儿——伊斯墨涅和安提戈涅，她们年纪太小，还不能理解父母所遭受的灾难，然后离家出走，在耻辱中四处流浪，直到死亡。

5

我们可以反驳，杀父娶母绝对不是我们中的大多数人所能犯的判断错误。但俄狄浦斯的 hamartia 在全剧中所起的极端重要的作用并没有降低这部戏剧的意义的普遍性。俄狄浦斯的故事在揭示我们的性格与命运的密切关系方面，能起到振聋发聩的作用：小小的失误可以明显地导致非常严重后果的发生，我们往往对我们自己行为的后果认识不足，我们总喜欢认为我们深思熟虑地掌握着我们自己的命运；我们珍视的任何东西可以在非常短的时间内全部失去；我们理性思考和预见未来的微弱能力并不能跟索福克勒斯称为“命运”的难以捉摸的晦冥力量相抗衡。俄狄浦斯并非完人，他也有缺点。他狂妄自大地认为自己已经逃脱了神谕揭示的预言，然后理所当然地接受臣民对他的顶礼膜拜。他的骄傲和急躁的脾气使他同拉伊俄斯进行打斗，而心理上的懦弱又阻止他把他杀死的人同预言联系起来。他自以为无可指责的想法使他多年来忽略这个罪孽，甚至责备克瑞翁向他暗示自己的罪行。

即使俄狄浦斯应该为自己的命运负责，但这部悲剧作品使我们无法对他进行简单的批判。我们谴责他的同时并没有拒绝给予他同情。诚如亚里士多德所说，每个观众在离开剧院的时候，心怀恐惧和怜悯，头脑中依然萦绕着剧末的最后一段合唱词，对它所揭示的普遍涵义难以释怀：

忒拜本邦的居民啊，请看，这就是俄狄浦斯，
他道破了那著名的谜语，
成为最伟大的人；
哪一位公民不曾带着羡慕的眼光注视他的好运？
他现在却落入可怕的灾难的波涛之中了！
因此，当我们等着瞧那最末的日子的时候，
不要说一个凡人是幸福的，在他还没有跨过生命的界限，还没有得到痛苦的解脱之前。

6

如果说悲剧作品能让我们对他人的失败给予比平常更多的关

注，那主要是因为悲剧艺术能够引导我们探究失败的根源。在这种情况下，对实际情况了解越多，我们就会更易于理解他人，原谅他人。一件悲剧作品可以巧妙地使我们了解各种细节，认识男女主人公的富贵与衰败之间微妙的关联，明白意图和结果之间荒谬乖张的关系。虽然在阅读报纸上仅有大致轮廓的失败故事的时候，我们很容易就会产生漠不关心，甚至幸灾乐祸的想法，但在欣赏悲剧的过程中，我们不可能长时间地保持这种心态。

在 1848 年夏天，诺曼底的好多家报纸刊登了一则简短的新闻。是关于一个叫德尔菲娜·德拉马尔的女人，她 27 岁，裁缝师，生活在距离鲁昂不远的小小的李镇，她对自己的婚姻生活逐渐变得很不满意，她购买大量的衣服和家具，以至于债台高筑，她找了一个情人，然后在感情和经济的双重压力之下，吞砒霜自杀。德拉马尔夫人死后留下了一个年幼的女儿和一个心神狂乱的丈夫。她的丈夫尤金·德拉马尔在鲁昂学过医，然后在李镇当卫生官员，深受病人和社区的爱戴。

这则新闻的读者当中有一个满怀抱负的小说家，27 岁的屈斯塔夫·福楼拜。德拉马尔夫人的故事深深地印入他的脑海，挥之不去地困扰着他，当他在埃及和巴勒斯坦旅游的时候，这个故事一直跟随着他，直到 1851 年 9 月，他开始动笔创作《包法利夫人》，6 年以后在巴黎出版发行。

当来自李镇的通奸犯德拉马尔夫人摇身一变，成为来自永镇的通奸犯包法利夫人时，多方面的情形发生了变化，其中一项就是她的生活不再是非黑即白的伦理故事。作为报纸新闻的德尔菲娜·德拉马尔的故事被褊狭保守的人们用来说明年轻一代对婚姻家庭的漠视、社会的日益商业化以及宗教价值的沦丧。但福楼拜的小说艺术则完全是粗糙的伦理说教的对立面。小说艺术可以对人类的动机和行为进行深入的探讨，任何想要把一个人奉为圣人或贬为罪人的做法都会在小说艺术面前受到讥讽。福楼拜小说的读者可以发现爱玛的爱情观极为幼稚，但他们同时也知道她幼稚的爱情观来自何处：他们伴随着她度过童年，观察她在女修道院的一举一动，在托斯特漫长的午后跟她和她的父亲坐在一起，跟她待在厨房里，听着院子里传来的猪的哄哄声和鸡的咕咕声。读者眼看着她和夏尔陷入一桩互不般配的婚姻。他们目睹夏尔的婚姻是受到孤独的驱使和一个年轻女人身体的诱惑，而爱玛跟他结婚则是为了逃离修道院的生活，此外，还因为她除了在三流浪漫文学中获得的一点认识之外对男人一无所知。读者既可以同情夏尔对爱玛的不满，也可以同情爱玛对夏尔的不满。福楼拜似乎蓄意地阻挠读者获得轻松的答案，并乐此不疲。他刚刚用正面的语言为爱玛说几句好话，便迫不及待地把她讽刺挖苦一番。但在此后，一旦读者逐渐对她失去耐心，认为她是个彻头彻尾自私的享乐主义者的时候，他又会在感情上使读者靠近她，告诉他们关于她敏感个性的一些细节，使得他们又会泫然欲泣。当爱玛在社会中颜面尽失，把砒霜塞进嘴里，躺在卧室等待死亡的时候，没有几个读者会有心情对她品头论足。

我们在恐惧和沮丧中结束对福楼拜的这部小说的阅读，因为我们意识到，虽然我们以某种特定的方式生活，但很少理解导致这种生活方式的原因，我们对自己和他人知之甚少，我们行为的后果又是极为严重而悲惨，我们的社会对待我们的错误又是多么冷酷和无情。

7

作为悲剧作品的读者或观众，我们尽可能地远离报纸标题“有购物狂倾向的女通奸犯在信用欺诈之后服毒自杀”所体现的思维模式。悲剧促使我们摒弃日常生活中对失败与挫折的简单化的看法，使我们以宽容的心态对待我们人性中普遍存在的愚昧与过失。

如果这个世界中的人们从悲剧艺术中汲取了经验教训，那么我们的失败可能导致的后果就不会如此沉重地压在我们的心上。

漫　画

1

1831 年夏天，法国国王路易·菲利普踌躇满志。1 年前七月革命的政治和经济骚乱使他登上高位，而现在这一切已经成为历史，国家呈现一片繁荣安定的景象。在他手下有一个以首相卡西米尔·佩里埃为首的精明强干的领导队伍；他在他的国土的北部和东部视察，受到当地中产阶级对待英雄式的欢迎；他在巴黎的王宫过着豪华的生活，每周都以他的名义举行宴会；他喜欢美食（特别是上等鹅肝和野禽肉）；他有一大笔私人财产、一个深爱他的妻子和几个孩子。

但此时发生了一件事，给路易·菲利普宁静的心情蒙上了一丝阴影。1830年末，一个28岁的不知名的艺术家夏尔·菲利蓬创办了一份讽刺杂志《漫画》，在杂志上他把国王的头画成一只梨的形状，他认为国王是大范围的腐败和无能的源头。菲利蓬的漫画不仅极不友好地影射了国王臃肿的脸颊和球茎一样的额头，而且法语中"*poire*"（梨）的意思是蠢货或傻瓜，他用这个词语巧妙地表达了对路易·菲利普统治政府的远非尊敬的态度。

阿里·谢费尔：法国国王路易·菲利普，1835年

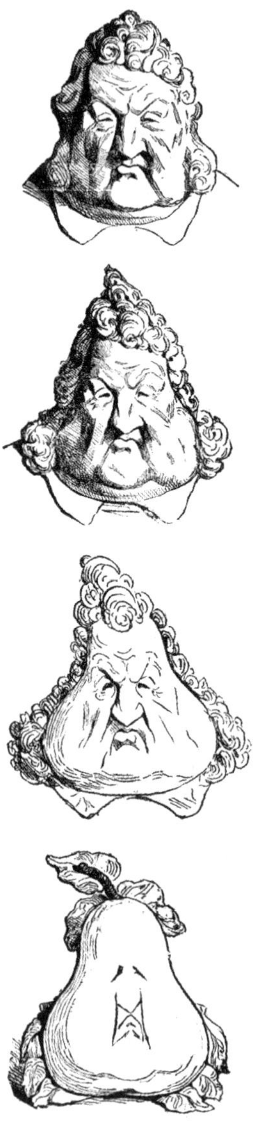

国王发怒了。他命令警察阻止杂志的发行，并把巴黎报刊亭所有已经发行的刊物统统买回来。但此举并未阻止菲利蓬，于是在1831年11月，漫画家遭到起诉，罪名是“对国王进行了人身攻击”，命令他在巴黎出庭受审。面对着满满一屋子的人，菲利蓬首先感谢起诉人逮捕了像他自己这样危险的人物，但他继而指出，政府在追捕国王的诽谤者的时候办事不力。最为重要的是，应该逮捕所有梨状的东西，甚至梨自己就应该被关起来。在遍布法国的梨树上长满了这种果实，每一颗都是需要监禁的罪犯，菲利蓬嘲讽地说。但法庭并没有觉得好笑。他被判入狱6个月。次年他在一份新杂志《喧哗》上重复了这个梨子的玩笑，被直接送回监狱——因为把国王画成一只水果而在铁窗后面整整待了两年。

在30年前，拿破仑·波拿巴，这位欧洲最有权势的人，在幽默感面前显得同样易受伤害。1799年上台执政起，他下令关闭巴黎所有的讽刺报纸，并告诉他的警察总长约瑟夫·富歇，他绝对不能容忍漫画家拿他的相貌开涮。他更倾向于把自己的容貌留给雅克-路易·大卫来绘画。他请这位伟大的画家为他做一幅自己威风凛凛地骑在马上，率军通过阿尔卑斯山口的画。这幅画就是《拿破仑穿过圣伯纳德山口》(1801)，拿破仑对此非常满意，因此他又去请他为自己画一幅他一生中最辉煌时刻的画，即1804年12月他在巴黎圣母院的加冕典礼。这是一个盛况空前的时刻。法国王公贵族齐聚此地，庇护七世教皇也前来观礼，欧洲各国使节都前来道贺，让-弗朗索瓦·勒叙厄为此次典礼专门谱制了音乐。

面对教堂中鸦雀无声的人们，教皇在祝福拿破仑的时候说，“Vivat imperator in aeternam[1]”。大卫对这个场景的再现就是1807年11月完成的《拿破仑一世加冕大典》，并把它献给“我杰出的主人”。拿破仑开心异常，因为“对艺术的贡献”而任命大卫为荣誉军团的军官，在给他的胸前别上勋章的时候，对他说：“你使高雅品位又回到了法国。”

但并非所有的艺术家都像大卫那样看待拿破仑。在《拿破仑一世加冕大典》完成之前的几年，英国漫画家詹姆斯·吉尔雷也为这同一情景作了一幅画，起名为《法国第一个皇帝拿破仑的宏大的加冕典礼队伍》(1805)。没有人因为他让高雅品位回归法国而让他担任荣誉军团的军官。

---

1 拉丁语，意为“愿国王岁月无疆”。——译者

雅克-路易·大卫:《拿破仑一世加冕大典》, 1807 年

画上是一个狂妄自大、臃肿不堪、高视阔步的皇帝，带领着一群献媚者、马屁精和囚犯。庇护七世教皇虽然也在场，但同大卫的版本不同，吉尔雷笔下的教皇在袍子下面揣着一个唱诗班的男孩，那男孩正在摘下面具，露出一张魔鬼的脸。约瑟芬，绝对不同于大卫笔下的清新秀丽的美女，是一个满脸痤疮、胖如气球的女人。后边捧着皇帝拖地长袍的是拿破仑征服的国家——普鲁士、西班牙和荷兰——的使臣。他们看起来并非心甘情愿地干这件事。他们身后是两排戴着手铐的士兵：这不是一个老百姓愿意拥戴的皇帝。维持士兵秩序的是警察总长约瑟夫·富歇，如同吉尔雷在说明词中解释的那样，他“高举正义之剑”，剑上血迹斑斑。

拿破仑大光其火。他命令约瑟夫·富歇，但凡发现任何人把这个漫画带到法国，不经审判，直接送进监狱。他通过驻伦敦大使提出对吉尔雷的正式的外交抗议，并且发誓，只要他成功侵占英格兰岛，他定会去寻找这个艺术家。他的反应真是极为典型。1802年，当与英国就《亚眠条约》进行讨价还价时，拿破仑甚至提出加入一个条款，条款说凡是画过他的漫画家都应该视为杀人凶手或伪造犯，应该遣送法国受审。英国代表大惑不解，拒绝了这个要求。

2

如果幽默仅仅是一种游戏，那么路易·菲利普和拿破仑就不会反应如此激烈。讽刺作品是另外一种抗议方式，用来反对狂妄

詹姆斯·吉尔雷:《法国第一个皇帝拿破仑的宏大的加冕典礼队伍》,1805 年

自大、冷酷无情或华而不实,反对一切背离美德和理智的行为。

如果讽刺作品是一种特别有效的抗议方式,那是因为它们虽然看起来仅仅是为了让我们发笑,但实际上表达了一个深刻的道理。漫画不需要对权力的滥用做长篇大论。它们使我们在会心一笑中领悟到对权力机构的批评的合理性。

此外(尽管菲利蓬因开玩笑而被判入狱),由于玩笑明显缺乏恶意,因此漫画可以表达那些直接说出来有危险后果,或根本无法直接说出的事情。在历史上,宫廷弄臣可以把正儿八经的大事告诉国王或皇帝,而这些事是无法用正儿八经的方式告诉他们的(英国詹姆斯一世国王在位期间,神职人员极为腐败。国王的一匹马不管怎么饲养,就是长不起膘。据称,宫廷弄臣阿奇博尔

德·阿姆斯特朗告诉国王，只需要把这匹马封为主教，它很快就会变得膘肥体壮）。在《玩笑及其与无意识的关系》（1905）中，弗洛伊德写道：“一个玩笑能够使我们披露我们敌人的一些荒唐的东西，而用直接的或公开的方式来披露它们则会困难重重、难以实现。”弗洛伊德继续写道：“如果用非玩笑的方式提出批判，有些人就会拒绝接受；但转而通过玩笑的方式，则可以得到他们的理解和承认……［这就是为什么］对身居高位的人而言，要让他们采纳批评意见，采取玩笑的方式更为普遍。”

诚然，并非对每个身居高位的人都应该用玩笑的方式来对付。我们很少嘲笑一个正在做一个重大手术的大夫。但如果这个大夫做完手术，回到家，用一大堆吓人的专业术语来吓唬妻子和女儿，我们就可以对他进行嘲笑。我们嘲笑的对象是那些不合规范的行为和程度不当的行为。一些国王的自我形象超越了实际能力，个人品格落后于权势地位，他们就成了我们嘲笑的对象。我们也嘲笑那些把人性抛在脑后，滥用职权的位高权重的人。我们用漫画嘲笑那些不公正和过分的行为，通过笑声对它们提出批评。

因此，在最优秀的漫画家手里，笑声获得了一种道德教育目的，玩笑成了引导他人改善品德和习惯的手段。玩笑可以表达一个政治理想，能够创造一个更加平等、更加理性的世界。如同塞缪尔·约翰逊指出的那样，讽刺是“谴责邪恶和愚蠢”的唯一一条另外途径，也是非常顶用的一条途径。用约翰·德莱登的话说，“讽刺的真正目的是对缺陷的纠正”。

3

历史上不乏那些针对上层阶级的玩笑，这些玩笑都试图纠正他们的缺陷，使这些有权有势的人摆脱骄傲与虚伪。

在英国 18 世纪晚期，年轻贵妇们非常流行头戴巨大的假发。这种荒唐的流行趋势惹恼了好多漫画家，他们快速地制作了一批漫画，以一种安全的方式来告诉这些妇女应该保持清醒的头脑——如同弗洛伊德认识到的那样，受批评的对象如果位高权重，那么漫画家很难直接表达他用漫画能够表达的想法。

在同一时候，母乳喂养突然间在上层社会的妇女中流行起

牛津杂志版画，1771 年

来，她们虽然以前从来都不关心婴儿的哺育，但现在开始给婴儿喂奶，使自己与为母之道的最进步的潮流相符合。这些几乎都找不到育婴室的女人一再要求袒露她们的乳房，而且往往是在吃午饭或晚饭的过程中。漫画家们又一次介入了，呼吁人们要把握分寸。

在 19 世纪后半期，另一种做作的习惯在英国上层社会流行开来：人们开始热衷于讲法语，特别是在饭店里，来体现庄重与显赫。《笨拙》杂志立即觉察到有一个新出现的缺陷需要纠正。

詹姆斯·吉尔雷：《赶潮流的妈妈》，1796 年

《笨拙》，1895 年

场景：莱斯特广场附近的餐馆

琼斯：啊——呃——伙计——看——这个——哦——给我拿——噢——呜——这个——那个。

（原文为法语：Oh-Er-Garsong，Regardez Eecee-er-apportez-voo le-la-）

服务员：先生对不起，我不懂法语。

琼斯：天啊，那就叫一个会法语的过来！

在 1 个世纪以后的美国，仍然有大量的“邪恶和愚蠢”普遍存在于曼哈顿的名流身上，可供《纽约人》的漫画家自由发挥。在经济领域，许多主管人员有了一个新的兴趣，那就是对雇员要显得很友好。但颇为不幸的是，他们的这种兴趣仅仅是表面现象，他们的内心深处并没有这样去做的意愿。他们只是满足于用一套温文尔雅的专业语言来掩盖他们更加残忍的行为，他们希望能够以此给他们的剥削行为带来一丝尊严——虽然他们的剥削行为与以前地狱般的工厂相比并无多大的差别。漫画家不是那么好欺骗的。

商业领域对雇员的态度依然是赤裸裸的功利观点——如果有人不是出于例行公事的需要，而是真心实意地谈论员工对公司的贡献，或公司对员工的责任，那么他的言论简直就是异端邪说了。

行业的要求使得好多高层管理者，特别是律师，把他们工作中的客观、高效的思维模式带到了他们生活中的方方面面，从而牺牲了直觉感受和同情能力。

同时，军界人员因为其破坏地球的能力而享有至高无上的荣誉。漫画家鼓励他们的读者带着批判的眼光嘲笑那些神色凝重、表情严肃的将军们。

贩奴船船长：“人力资源？”

“各位，你们知道我认为什么最重要吗？那就是成为亲切、正直的人。”

“我认为自己是个充满热情的人，但我首先是一名律师。”

174.

“乔伊斯，我疯狂地爱着你，我为你茶饭不思，但我不是为这个打电话的……”

将军在阅读名为《战争与和平》的大部头作品。

4

幽默不仅是攻击上层社会人士的有效工具，同时也能帮助我们认清自己的身份焦虑，并把它维持在一个缓和而适中的程度上。

我们所能够觉察到的好多有趣的事情都是关于在日常生活中我们可能为之沮丧或羞愧的情形或感情。最杰出的漫画家能够处理那些我们无法直接面对的弱点；我们总是隐藏着一些最令人尴尬的东西，而杰出的漫画家能够把我们从这些尴尬的东西身边拽

“你现在想的是微软公司的哪一位大款？”

开。忧虑越隐私、越强烈，引发的笑声就可能会越大，笑声成了把那些无法言说的缺陷拿来公开处理的有力武器。

因此不出所料，好多幽默都努力揭示一些对身份的焦虑，进而对此进行控制。它向我们揭示了在这个世界上还有其他比我们嫉妒心更盛，而在社会生活中更脆弱的人群；还有一些人在凌晨

“我一般在早晨6点半尖叫着起床，9点钟抵达公司。”

醒来时，为他们在经济方面的表现而痛苦万分；它还向我们说明，在一副副社会要求应该保持冷静的面孔之下，我们绝大多数人都有点精神恍惚、神志失常——这一切都给我们提供了充足的理由，要我们向相比而言比我们更惨的邻居伸出援助之手。

最为和善的漫画不会就我们对身份的关注进行嘲笑，而是进行调侃：他们对我们提出批评，但同时认为我们依然相当不错。由于他们的才能，我们才能够以开放的心态，带着爽朗的笑声，承认自己身上的一些痛苦的事实，而这些事实如果以平常的、责备的语言传达给我们，我们就会因为惧怕危险和伤害而拒绝接受。

5

漫画家与其他艺术家相比毫不逊色，他们的作品符合马修·阿诺德对艺术的定义：艺术是为生活提供批判的学科。漫画家的劳动因而具有极高的价值。他们的作品力图纠正权力的不公以及我们对社会体系中上层人士的过度嫉妒。如同悲剧一样，漫画也是有感于我们生活条件中最令人遗憾的东西而进行创作。

漫画隐含的、潜在的目的就是通过对幽默的灵活运用，创造一个新的世界，在这个新的世界中可以嘲笑的东西变得更少。

178.

“他们当然聪明。他们只能聪明，因为他们没有钱。”

第三章　政治

最理想的人的类型

1

在每一个社会里，总有一个特定的人群能够获得高度的尊崇——其他的人群则因为没有具备合适的技能、口音、气质、性别或肤色而受到贬抑或忽略。但这些对成功的定义远远不是一成不变或普遍适用的。一些素质和技能在一个地方能够带来较高的社会地位，而在另外一个地方则有可能变得无关紧要或为人不齿。

我们可以选择一些不同的历史时期，来展示不同时代的不同社会往往以不同的内容来定义有荣誉的人。

不同时代的不同社会对上层社会地位的要求：

希腊半岛，斯巴达，公元前 400 年

在古斯巴达社会中享受最高荣誉的是男子，特别是擅长打仗、好勇斗狠、肌肉发达、（双）性欲旺盛、对家庭生活毫无兴趣、对商业和奢华深恶痛绝、在战场上对屠杀他人，特别是屠杀雅典人充满激情的男子。斯巴达的战士从不使用金钱，避免接近理发师和艺人，绝对不会缠绵于妻子儿女之情。如果有人看见他们在市场上现身，那可是他们的耻辱。一旦懂得计算，就会遭人蔑视，因为懂得计算表明了一种商业精神。从 7 岁起，每个斯巴达男丁就开始接受成为士兵的训练，吃住在军营中，进行战斗操练。即使在结婚之后，男人也不允许和他们的妻子住在一起，只是每个月有一个晚上才准许夫妻同房，以延续种族。如果孩子生下来时非常虚弱，斯巴达人的通常做法是把他们抱出去抛到泰噶托士山谷的荒坡上，任其死亡。

西欧，公元 476—1096 年

随着罗马帝国在西方的衰落，在欧洲的绝大部分地方最受尊敬的人变成了那些以耶稣基督的言传身教来规范自己行为的人。被基督教教会称为圣徒的人从来不会佩带武器，不会杀害他人，同时也尽量避免杀害动物（像其他许多圣徒一样，圣伯纳德是一个素食主义者，据说他走路的时候非常缓慢，眼睛紧紧地盯着地上，避免踩着蚂蚁，毕竟蚂蚁也是上帝的子民）。圣徒们避免各种物质享受。他们没有房屋和马匹。圣希拉里翁居住在一个 5 英尺长 4 英尺宽的斗室之中。（阿西西的）圣方济各[1]宣称自己与“名叫贫困的女士”结了婚，他和他的弟子们住在破茅草房

1　St Francis of Assisi（1182—1226）：天主教方济各会及方济各女修会创始人，意大利主保圣人，规定修士恪守苦修，麻衣赤足，步行各地宣传“清贫福音”。——译者

中，房里无桌无椅，晚上睡在地上。（帕多瓦的）圣安东尼只吃根茎和草类。（古斯曼的）圣多明我在路过富商的宅第的时候，会把头转过去避免看见。圣徒们竭力压抑性欲，因而他们以肉体方面的节制而出名。圣卡西米尔拒绝了他的家人放在他床上的一位处女。据称圣托马斯·阿奎那曾经和一个女人被关在一座塔里，这个女人用她的美貌和香水来勾引他，虽然他的欲望一时被勾了起来，但他还是推开了她，因而从上帝那里得到了“永远的贞洁腰带”。

西欧，约 1096—1500 年

在西方基督教徒组织的第一次军事东侵之后，轮到骑士来充当西欧社会中最受尊重的人群。骑士来自富有的家庭，他们居住在城堡里，他们在床上睡觉，他们吃肉，他们赞同杀死他们认为非基督教的人的行为。当他们不杀人的时候，他们就把注意力转向动物。据称约翰·德·格拉伊就曾经杀死过 4 000 头野猪。骑士还是颇有成就的情人，往往通过对诗歌的巧妙使用，在宫廷勾引妇女。他们尤其喜欢处女。他们喜欢金钱，但这些金钱必须来自土地，而非商业。他们也喜欢马匹。“骑士绝对不能骑驴或骑骡子，”古铁雷·迪亚斯·德·加梅斯，《不屈的骑士》（约 1431）的作者记录道，“骑士不能是那些身体虚弱或胆小怕事之人，他们必须体格强壮、精力充沛、勇敢无畏，因此除了一匹良马之外，没有任何牲畜能够配得上一名骑士。”

英格兰，1750—1890 年

到了 1750 年，知道如何打仗在英国已经不再被认为是获得尊敬的必备条件。跳舞变得更为重要。社会中最受尊崇的人群是“绅士”。他们很富有，他们除了负责管理自己的财产之外不愿从事其他的任何事务，他们涉足工业和商业领域（特别是在印度和西印度群岛），但他们急切地在自己和商人与工业家这些下等阶级之间划清界限。人们认为他们应该热爱他们的家庭，避免把自己的孩子扔到山坡上任其死亡——但他们依然可以在城里包养一个情妇。

做一个绅士的关键就是完善一种慵懒的优雅。保持良好的发型和有规律地拜访理发师变得非常重要。切斯特菲尔德勋爵在他的《给他儿子的信》（1751）中建议，一位绅士的谈话应该尽量避免“错位的热情”，否则就会导致谈论“一些琐碎不堪而又不合时宜的轶闻趣事，而且带着像‘我告诉你一个很棒的事情’之类的愚蠢的开场白”。切斯特菲尔德同时还强调，作为一个绅士，必须学会如何跳小步舞：“要记住如何使胳膊的动作显得优雅，如何伸出你的手，如何文雅地戴上或摘下你的帽子，这些都是一位绅士跳舞的必要环节。”至于同妇女的关系，一般来说，一位绅士应该结婚，但心中应该时刻记住（用切斯特菲尔德的话）“妇女只是稍微大一点的孩子”。如果一位绅士在一位妇女身旁坐下，他应该跟她“闲聊”，而不应当保持沉默，否则就会被她认为是单调乏味或傲慢自大。

巴西，1600—1690 年

在地处亚马孙西北边的库维奥部落里，身份最高的人是那些不苟言笑（他们认为当一个人喋喋不休地说话时，他的力量就会随之失去）、不参加跳舞、不抚养小孩、最最关键的是必须擅长捕杀美洲虎的男子。身份低的男子被派去捕鱼，而身份高的男子则去打猎。一个人在杀死一头美洲虎之后，会把它的牙齿做成项链戴在脖子上。一个人杀死的美洲虎越多，他成为“酋长”或部落首领的机会就越大。酋长戴着很大的美洲虎牙齿的项链和犰狳腰带。妇女们的命运只能是在林间空地耕种木薯。一旦发现有一个男子在帮助他妻子准备以根茎为主的食物时，那么他将背负的耻辱是任何事都难以比拟的。

2

那么确立身份的原则到底是什么？为什么军事人员在一个社会里享有盛誉，而拥有地产的绅士在另一个社会里则为人仰慕呢？

似乎有至少 4 个答案。一些人可以凭借能够杀死他人的体力，通过欺凌和威胁迫使一个国家的人民对他们表示尊敬。

或者他们依靠强壮的身体，资助赐予他人和利用手中掌握的食物来为他人提供保护，从而确定身份。当安全受到威胁的时候（如古斯巴达，12 世纪的欧洲），勇敢的战士和马背上的骑士就成了人们敬仰的对象。当一个社会群体的食物仅仅依赖于难以保证的猎获的动物（如亚马孙），捕杀美洲虎的人就能够赢得尊敬和尊敬的象征物——犰狳腰带。在一些绝大部分人的生计依赖贸易和高科技的国度里，企业家和科学家便成了人们崇拜的对象（如现代欧洲和北美）。其反面也同样真实：那些不能为他人提供服务的人就会身份很低——如边境线非常安全的国度里的强壮男子，以及井然有序的农业社会里猎杀美洲虎的人，他们的命运就很不济。

或者一些人可以通过向他人展示自己的美德、身体的技巧、艺术才能或聪明才智来赢得较高的社会地位，例如基督教欧洲的圣徒以及现代欧洲的足球明星。

或者一些人会诉诸他们周围人的道德观念，对他们所宣传的事业的公正性进行非常充分的表达，任何一个想要拥有良好的自我形象的人绝对不会对这种获得地位的方式视而不见。

既然决定上层社会地位的因素一直处于变化当中，当然这种变化也是自然而然的，那么导致身份焦虑的因素也随之在不断发生变化。在一个社会里，我们担心我们没有能力把长矛刺进动物的身体；而在另一个社会，我们则担心在战场上表现欠佳；在又一个社会里，我们担心对上帝的虔诚不够；在其他一个社会里，我们又会担心我们无法从资本市场上获得利益。

3

那些因所处社会的关于人的理想标准而狂躁不安或心怀怨恨

的人，心里应该明白，身份的历史，即使是非常粗略地勾勒出的一个身份历史，都能揭示出一个根本的、振奋人心的结论：关于人的理想标准并非像石头一样一成不变。身份的理想标准长期以来都是，将来也一定会处于不断的变化当中。我们可以用一个词来形容这一个变化过程，这个词就是政治。

通过政治斗争，不同的群体都试图改变他们社会的尊严系统，摆脱在既有体系中利益既得者的统治，从而为自己获得尊严。这些不同的群体通过一个投票箱、一把枪、一次罢工，有时候通过一本书，来重新确立社会标准，决定什么样的人才有资格拥有上层身份的位置。

从政治角度谈现代身份焦虑

1

当猎杀美洲虎、跳小步舞、骑马冲锋或模仿耶稣生活的能力已经不足以构成一个坚实的基础，来使自己在别人心目中成为一个成功人士时，什么东西可以称得上构成了当代西方的主流理想、据此可以对众人做出判断，并赋予人们不同的身份？

虽然我们无法做一个非常科学精确的解释，但我们还是至少能够把现代成功人士的必备条件作一大致的描述，而这些现代上层人士所占有的位置曾经为战士、圣徒、骑士或拥有土地的贵族绅士所占据。

对上层地位的要求：

伦敦、纽约、洛杉矶、悉尼，2004 年

不管男人和女人，不管属于任何种族，只要他们能够通过商业世界中的众多渠道之一（包括体育、艺术和科学研究），通过个人的努力（而不是通过继承）积累一定的金钱、权力和名声，那么他们就是成功人士。因为在各个社会里都相信“精英集团”，因此，商业方面的成就被人们认为是“理所应当的”。积累财富的能力为人所重视，是因为这种能力能够证明一个人至少拥有四种基本品质：创造力、勇气、智力和毅力。至于其他的品质——诸如谦逊或正直——则很少引起人们的关注。同过去的社会不同，一切成就不再归因于“运气”、“天意”或“上帝”——反映了现代世俗社会对个人意志力的信任。经济上的失败被认为是罪有应得，失业所带来的耻辱，同战争年月的懦弱行为所导致的耻辱不相上下。金钱携带着一种道德品质。它的存在体现了拥有者的美德，就如同它体现了它所能够买的物质商品一样。正像库维奥人的美洲虎的牙齿，富裕的生活方式能够体现一个人的价值，如果一个人开着一辆破车，住着一间破屋，人们则会对他产生道德方面的怀疑。除了能够赋予一个人上层社会地位，财富还被提高到能够给人带来幸福的高度，这种幸福是通过购买一系列永远都在变化的消费品实现的——当我们想到以前的人们过着缺乏这些消费品的有局限的生活时，我们的心中充满了同情与困惑。

2

不管这样的身份理想看起来多么顺理成章，从政治角度所做的分析告诉我们，这些身份理想无一例外地是人类的创造物：最近的发展源于 18 世纪中期，由一系列清晰可辨的因素所促成。此外，从政治角度所作的分析进一步揭示，这些理想在有些时候显得过于头脑简单，有些时候则显得极不公平，而且并非完全保持不变。

现代身份理想受到最大关注的莫过于它在财富与美德——以及贫穷与怀疑——之间建立起的一种联系。在《有闲阶级论》（1899）一书中，索尔斯坦·凡勃伦指出，从 19 世纪早期开始，金钱成为商业社会衡量每个成员的核心标准：“[财富已经成为]获得尊敬的社会基础。要想在一个社会中占据一个受人尊敬的位置，占有财富成为必需。财富对于获得一个好名声来说必不可少……那些没有相对较多财富的社会成员，很难受到他们周围人的欣赏；其结果就是他们也很难受到他们自己的欣赏。”

索尔斯坦·凡勃伦认为，在一个商业社会里，任何坚持一个人可以很有道德，同时仍很穷的观点都是没有市场的。即使是那些对财富最不在乎的人，也会感受到一种迫切的需要去积累财富，并向外界展示自己拥有财富，以期逃避责备，一旦没有积累足够的财富，就会感到焦虑不堪，感到自己应该受到责备。

因此，拥有大量的物质商品成为必需，其主要原因并非商品能够带来快乐（虽然它们也可能会带来快乐），而是因为商品能够带来尊严。在古代，哲学家曾经热烈地讨论在物质方面什么对幸福来说必不可少，什么无关紧要。比如说，伊壁鸠鲁认为简单的饮食和住宿是生活的必需条件，但豪华的屋舍和奢侈的杯盘对那些有理智的、有哲学思想的人来说完全是多余之物。然而几个世纪以后，亚当·斯密在《国富论》中对此也作了讨论，他冷静地指出，在现代物质社会中，毫无疑问，有无数的物质产品对肉体的生存来说毫无意义，然而还是有更多的东西在实际的生活中被认为是“必需的”，因为如果一个人缺乏了这些东西，没有人会认为他值得尊敬，因此他也不会过上心理上舒舒坦坦的生活：

“我所说的必需品，不但是维持生活上必不可少的商品，而且是按照一国习俗，少了它，体面人固不待说，就是最低阶级人民，亦觉得伤体面的那一切商品。例如，严格来说，麻衬衫并不算是生活上必要的。据我推想，希腊人罗马人虽然没有亚麻，他们还是生活得非常舒服。但是，到现在，欧洲大部分，哪怕一个散工工人，没有穿上麻衬衫，亦是羞于走到人面前去的。没有衬衫，在想象上，是表示他穷到了丢脸的程度，并且，一个人没有做极端的坏事，是不会那样穷的。同样的，习俗使皮鞋成为英格兰的生活必需品。哪怕最穷的体面男人和女人，没穿上皮鞋他或她是不肯出去献丑的。在苏格兰，对于最下层阶级男子，习俗虽亦以皮鞋为生活所必需，但对同阶级的女子却不然，她赤着脚，是没有什么不体面的。在法国，无论男、女，皮鞋都不是生活必需品。法国最下层阶级的男女，可穿着木屐或打着赤脚，走在人前，而无伤体面。所以，在必需品中，我的解释，不但包括那些大自然使其成为最低阶级人民所必需的物品，而且包括那些有关面子的习俗，使其成为最低阶级人民所必需的物品。”

自从斯密之后，经济学家几乎众口一词地认为，贫困的最根本特征，贫困最令人痛苦的地方，并不是它所导致的身体上的痛苦，而是他人对贫困状态的负面反应所导致的羞耻感，是贫困状态违反了斯密所称的“既定的社会体面原则”所产生的羞耻感。在《富裕社会》（1958）一书中，约翰·肯尼思·加尔布雷思的思想与斯密显然一脉相承，他写道：“只要一个人的收入明显低于周围人，即使对生存而言已经绰绰有余，但他依然为贫穷所困扰。他们缺乏社会所规定的最低的体面要求，因而他们不能完全逃脱被社会定义为不体面的命运。”

3

现代身份理想认为“体面”与财富直接相关，而“不体面”与贫苦直接相关，这一点构成了一些人对现代身份理想提出质疑的关键所在。为什么把挣钱上的失败看作一个人在绝对意义上有缺陷的证据，而不是将其看作在一个大范围、多层面的生活中个别的某一方面的失败？为什么要把财富和贫困看作一个人道德水平的主要依据？

其原因并不复杂。挣钱的过程往往需要个体具备某些优秀品质。坚持干好任何工作几乎都需要智力、体力、计划以及与他人进行合作的精神。事实上，挣钱越多的工作，对个体优秀品质的要求也越高。律师和医生不仅比扫大街的清洁工收入高，而且他们在工作中持续投入的精力和技巧也要多得多。

亚当·斯密写道，如果一个散工工人在公众场合出现时没有身穿麻衬衫，那么他会为此而深感羞耻，因为没有麻衬衫将隐含一定程度的贫困，（我们再次引用他的文字，并用特别字体做出强调）斯密的同时代人认为，“*一个人没有做极端的坏事，是不会那样穷的*”。除非一个人天生就喜欢酗酒、撒谎、偷窃或幼稚地不服从领导，那么他绝对会有机会获得一个购买一件麻衬衫所需的最差劲的工作——在这种情况下，我们就能理解完全可以把拥有一件麻衬衫作为良好人品的最低保证。

以此为出发点，我们不难推想，拥有挂满麻衬衫的衣柜、游艇、宅第和珠宝是“在工作中表现极佳”和多种美德的证据。昂贵的物品可以赋予拥有者尊敬，这一身份象征的观念可以演绎出一个为人广泛接受而且并非没有道理的推论：要拥有最昂贵的物品，无一例外地需要具备最完美的素质。

4

然而，经济精英论的反对者们长期以来一直认为，真正的优点是一些难以捉摸且复杂异常的素质，不是年终工资单上的参数所能准确体现的——这种怀疑论有点类似于一些教育家的理论，他们认为通过让一群学生参加考试，然后根据他们对一些问题的答案给他们打分，并不能准确反映一群学生的"聪明才智"。有些问题就像这样：

从下列词汇中选出一对反义词	
obdurate（执拗的）	spurious（欺骗的）
ductile（顺从的）	recondite（晦涩的）

并不是说这些评论家认为的优点或智力在每个人身上都是平等分布或根本无法衡量，他们只是坚持认为你我几乎无法知道如何正确衡量，因此在我们以为自己知道该如何衡量优点，并采取相应行动之前应该思之再三。比如说，在经济领域，废除对富有者的税收（经济精英论的极端维护者有时认为，富有者完全有资格拥有自己的财产），或取消国家补贴（这些经济精英论的极端维护者认为，唯有这样，穷人才能够充分地体会到他们罪有应得的贫困程度）。

然而这种怀疑观点与日常生活的要求并不完全合拍。我们可以很容易地希望存在某种系统，不管是教育系统还是经济系统，这一系统能够保证我们能够从教室里或社会中挑选出优秀的候选人，他们被选出后能够满含着道德良心来面对失败者的痛苦。

然而，有一个良好的愿望并不是解决问题的有效保证。在《智慧妇女的社会主义和资本主义指南》(1928)一书中，乔治·萧伯纳认为在现代资本主义社会中，存在一种特别愚蠢的社会体系，用来确立社会的等级秩序——资本主义社会的这种体系的运行建立在一种认识之上："只要一个人不违反限制残酷暴力和直接欺诈的法律，他就能够自由地以自己的方式为自己挣尽可能多的金钱，因而社会财富会自发地根据公民的勤奋程度、冷静程度以及道德水平进行分配，其结果必然是好人致富，坏人赤贫。"

但事实上，萧伯纳认为，存在一些不容忽视的事实，那就是冷酷无情、野心勃勃的人"能够通过出售劣质威士忌，通过囤积小麦，然后以3倍于成本的价格出售，或通过发行刊登着骗人广告的愚蠢不堪的报纸或杂志，为自己攫取三四百万英镑的财富"，而"那些通过诚实的劳动或以自己的生命安全为代价来推动人类知识和幸福"的人则往往生活拮据，默默无闻。

萧伯纳说这些话，并不是想把自己等同于那些非常情绪化的声音，从而断然地认为在目前的社会结构中，好人总是一贫如洗——这种推理同它的反面推理一样失于简单化。他的真正意图是想让我们意识到，以收入的多寡来判断一个人的道德水平有诸多局限；从而减轻财富差距导致的众多后果。

在《给那后来的》（1862）一书中，约翰·罗斯金同样对经济精英观点持反对态度。他花了40年时间，对不同国家的数百人进行了调查研究，受调查者中既有穷人，也有富人，然后他用讥讽的口吻对穷人和富人的品格状况作了一个总结："发了财致了富的人，通常来说，勤奋、果断、骄傲、贪婪、雷厉风行、有板有眼、理智、缺乏想象力、毫不敏感和无知。而那些一生贫困的人往往是极端愚蠢的人、极端聪明的人、懒惰的人、莽撞的人、谦卑的人、善于思考的人、呆板无聊的人、想象力丰富的人、敏感的人、知识丰富的人、毫无远见的人、毫无规律且受情绪支配而使坏的人、拙劣的恶棍、公开的盗贼，以及那些完全是菩萨心肠的好人。"

换言之，一大批难以归类的人既可以成为富豪，也可以成为穷人——耶稣基督首次表达过这一思想，后来在19世纪和20世纪的政治思想家那里得到了继承和发扬。根据以上的调查研究结果，我们可以表达相似的思想：我们并不具有根据收入水平来判断他人道德水准的特权。众多的外在事件和内在品质在综合地起作用，使一个人富有，而使另一个人贫穷。这些决定因素包括运气与环境、疾病与恐惧、偶发事件及其后继发展、良好的策划和欠佳的运气。

在罗斯金和萧伯纳之前300年，米歇尔·德·蒙田曾表达过相似的观点，他也强调偶然因素对一个人前途的决定性影响。他建议我们要牢记一点："偶然性事件按照它难以捕捉的意愿决定着我们的身份和名誉：我经常看见机遇走在美德前面，而且占有绝对优势。"对我们的成功和失败如果进行冷静的分析和评价，我们就会发现有些事情我们根本没有必要为之骄傲，同时也有一些事情我们没有必要为之尴尬，因为在我们身上发生的好多事情并非我们自己所为。这种事情所占比例甚大，不由得引起我们的深思。蒙田要求我们在见到达官贵人之时，要控制我们的激动情绪，而在见到穷人和无名之辈之时，要抑制自己想要评头论足的冲动。"一个人可以仆役成群，身居漂亮官邸，施展巨大影响，拥有巨额收入。这一切都可能是他的身外之物，而不是他自身之物……甩掉他脚上的高跷，测量他的实际身高：让他抛开他的财富，剥掉身上的装饰，以赤裸的状态与我们相见……那么他还会剩下怎样的心灵呢？他的心灵是否美丽、能干，而且满怀愉悦地具备心灵所应该拥有的所有功能呢？一个人的财富是她自身所有呢，还是借自他人？运气是否与她的财富毫不相关呢？……这就是我们应该首先搞清楚的事情，这就是对我们不同的人作出判断时情况的巨大差异"。

现在，我们可以把这些所有针对商业精英理论的反对观点综合起来，形成一种要求：我们应该停止赋予如金钱般随机分布之物以一定的道德涵义；我们应该割断人们习惯地在财富和美德之间建立起的教条式的联系——而且我们开始对他人进行判断之时，应该尽力确保把脚上的高跷去除了。

5

除了在发家致富和身怀美德之间建立起相互关系之外，关于成功生活的现代理想同时还在赚钱和幸福之间建立了另外一种联系。

这一观点进而建立在三个方面的认识之上。其一，要指出能够使我们幸福的东西并不是一件超乎寻常的难事。我们的身体知道它们需要什么样的东西才能保持健康，因此当它们缺钠时，就会让我们喜欢吃熏鱼，而当它们的血糖过低时，则会使我们喜欢吃桃子。同样，这一理论认为，我们完全可以依赖我们的智力来确定，在生活中追求何种目标，才能使我们兴旺发达；继而这些业已确立的追求目标自然而然会促使我们从事一定的职业或执行一定的计划。其二，现代文明所提供的范围巨大的工作种类和消费产品并不是一种华而不实、令人疲惫不堪、只能激起无穷的欲望、与我们的幸福毫不相干的表面现象；相反，这些工作和产品能够满足我们的一些最重要的需求。其三，我们所支配的金钱越多，我们所能够购买支付的产品和服务就会越多，从而产生幸福感的机会也会越大。

很多人对此组观点提出反对，其中最具有启发意义而且易于理解的应属让-雅克·卢梭和他的《论人类不平等的起源和基础》。卢梭在开篇之际就宣称，不管我们认为自己在思想上多么独立，我们实际上并不理解我们自己的需要，这是一个极为危险的现象。我们的灵魂很少直接说出自己需要具备什么，才能够使自己满足，或者即使它们有时嘟哝些什么，它们的指令也往往建立在谬误的基础之上，或干脆自相矛盾。卢梭认为，我们不能把心灵比作身体，因为身体知道需要吸收消化什么，才能保持自身的健康，而心灵则不然，心灵更像以下状态下的身体：在它需要喝水的时候大声呼喝上酒，在它需要平躺在床上休息的时候坚持继续跳舞。外界有各种声音在不停地告诉我们，应该获取什么，然后我们才能得到满足，我们的思维极易受到这些声音的左右，我们灵魂深处发出的一点点微弱的声音将会淹没在这些外界声音之中，而我们也会很容易地受到误导，从而使我们偏离了对我们生命中何者真正重要的谨慎而艰苦的求索。

卢梭继续描绘了世界的历史，在他看来，世界历史并不是一个从野蛮状态向欧洲的大工厂和大城市发展的过程，而是一种历史的倒退。以前我们处于一种虽然生活简单，但能够追求自己真正需求的特权状态，而处在现在的生活状态之中，我们则艳羡那些与我们自己的个性毫无关联的生活方式。科技落后的史前社会就是卢梭所谓的自然状态，男人和女人都生活在森林之中，他们从未进过商店，也从未读过报纸，但这位哲学家认为，这种状态下的人们能够更容易地理解自己，更易于追求幸福人生所真正需要的东西：对家庭的热爱、对自然的崇敬、对宇宙美的敬畏、对他人的好奇，以及对音乐和简单娱乐方式的喜爱。正是现代商业“文明”强行使我们从这种状态下脱离出来，让我们在一个富裕的社会里忍受嫉妒、渴望和痛苦的煎熬。

对某些人而言，卢梭的观点仅仅是一个荒诞的浪漫故事，是一个被现代社会所激怒的田园派作家所做的奇思妙想，并据此认为卢梭的观点毫无价值可言。这些人应该明白一个事实，18 世纪的人们相信卢梭的观点，部分地因为在他们眼前就有一个活脱脱的例子可以证明卢梭的思想，这就是北美土著人的命运。

16 世纪对印第安社会的报道认为，印第安社会虽然在物质上非常简陋，但在精神上却足以自乐：部落很小，成员之间关系紧密，讲求众生平等，笃信宗教，性喜娱乐，崇尚武力。就物质经济而言，印第安人自然非常落后。他们以水果和野生动物为食，以帐篷为家，几乎没有什么财产。年复一年，他们都穿着同样的兽皮和鞋子。即使酋长本人的所有财产也不过就是一支长矛和几只陶罐。然而，他们在简单的生活中获得了极高的满足感。

然而，在第一批欧洲人到达美洲的短短几十年间，通过与欧洲工业社会的科技和奢侈品相接触，印第安社会的身份体系发生了急剧的变化。社会所重视的东西不再是一个人的智慧和理解自然的能力，而是对武器、珠宝和酒的占有。现在，印第安人渴望得到的是银耳环、铜手镯、锡戒指、用彩色装饰玻璃制作的项链、冰镐、枪支、酒类、水壶、珠子、锄头和镜子。

这些新的爱好并非凭空产生。欧洲商人蓄意地培养印第安人的种种欲望，从而使他们为了满足这些欲望而去猎获大量欧洲市场所需要的动物毛皮。英国博物学家约翰·巴尼斯特牧师记载道，到 1690 年为止，欧洲商人已经成功地诱使哈得孙湾的印第安人需要“那些他们以前从来都不需要的东西，因为他们此前从来没有拥有过它们，但贸易使这些东西成为必需品”。20 年以后，旅行家罗伯特·贝弗利作了这样的观察：“欧洲人把奢侈品引入到印第安人中，从而使他们的需求倍增，他们现在渴望得到他们以前从来都没有梦想过的成千上万的东西。”

颇为不幸的是，这些成千上万的东西，不管多么令人梦寐以求，似乎并没有使印第安人生活得更加幸福。很显然，他们比以前更加辛苦。在 1739 年至 1759 年之间，彻罗基部落的 2 000 名战士大约猎杀了 125 万头鹿，以满足欧洲的需求。在同一时期，圣劳伦斯河北岸的蒙塔格尼印第安人向位于塔杜萨克的法国和英国商人每年出售毛皮 12 000 至 15 000 件之多。但幸福并没有随着交易水平的发展而提高。自杀率和酗酒现象开始上升，社区内部分裂成不同的团体，每个团体就如何分配那些来自欧洲的产品而争论不休。部落酋长根本不需要卢梭的理论来理解发生了什么，即使如此，他们都非常同意他的观点。在印第安人内部产生了摆脱欧洲“奢侈品”的呼声。18 世纪 60 年代，在宾夕法尼亚州西部的特拉华地区以及俄亥俄峡谷地区的印第安人试图恢复先人的生活方式。而且出现了一些预言，说如果人们不能从对贸易的依赖中解脱出来，那么他们的部落就会面临灭绝的危险。但一切都为时已晚。印第安人在心理构成上同其他民族并无二致，他们轻易地为现代文明创造的小小物什所吸引，从而拒绝听从那些平和冲淡的声音，这种声音讲述平平淡淡的部落生活的乐趣和傍晚时分空旷峡谷的美丽景色。

6

面对那些同情美洲印第安人的人和任何一个可能会抱怨发达的经济具有危害性的人，商业社会的维护者通常会这样回答针对经济危害性的责难：没有任何人强迫印第安人购买彩色玻璃制作的项链、冰镐、枪支、水壶、珠子、锄头和镜子。没有任何人阻止他们生活在帐篷里面，也没有任何人强迫他们渴望拥有带着院子和酒窖的木制房屋。印第安人自己放弃了一个安静而简单的生活——这一点很可能可以证明他们以前的生活并不像人们所想象的那样惬意。

这种辩护方式与现代广告代理商和报纸编辑经常使用的辩护方式有点相似，他们也认为他们不应该为以下的情况负责，即鼓励人们过分地关注名人的生活情况，过分地关注流行趋势的变化，以及过分地关注对一些新产品的拥有。他们认为，各种媒体仅仅将与这些题目相关的信息呈现出来，这样，感兴趣的人就可以从中获益——同时，他们还暗示，在看到这些信息后，会有更多的人自发地帮助弱者，反省自己的灵魂，去阅读爱德华·吉本的《罗马帝国衰亡史》，或对自己大限之前仅剩的一点短短的时光进行思考。

这些人的反应可以说明为什么卢梭特别强调人们在认识何者重要时的困难，以及受他人言论左右的倾向，他人总会向别人提出建议，如果想要幸福，那么他的注意力应该放在什么事情上，以及应该注重何种价值。他人的这些言论会严重地影响一个人，特别是当这些观点伴随着报纸的权威或者广告牌的美妙画面时。尽管卢梭的观点令人气馁，但却不乏深意。

广告代理商和报纸编辑自己首先站出来贬低他们行业的影响力，这倒不无讽刺意味。他们坚持认为人民大众具有足够的独立思维能力，因此不会过分地受到他们自己展示给世界的故事的影响，也不会长期陷入他们自己精心设计的广告牌的诱惑而难以自拔。

但很不幸，他们过于谦虚了。我们可以通过以下的一组数据来很好地证明这些人的不坦诚。这组数据表明了那些曾经一度仅仅是一种可有可无的东西，在经过足够的刺激之后，很快就变成了一种似乎不可或缺的东西。

在北美洲认为下列物品是生活必需品的人占总人口的比例

	1970	2000
第二辆汽车	20%	59%
第二台电视机	3%	45%
一部以上的电话	2%	78%
汽车空调	11%	65%
家用空调	22%	70%
洗碗机	8%	44%

对消费社会的批判不仅针对产品的缺点和不足（在这点上，人们总是容易夸大事实，因为只有脾气极为乖戾古怪的人才能拒

嵌满钻石的新款梅赛德斯–奔驰 SL-Class
待售：
在你脑海中挥之不去的梦想。
THE NEW SL-CLASS FROM £67,790 ON THE ROAD. CALL 0800 776655 FOR MORE DETAILS OR VISIT WWW.MERCEDES-BENZ.CO.UK. CAR FEATURED IS AN SL500 WITH OPTIONAL ALLOY WHEELS AT £69,190 ON THE ROAD (INCLUDES DELIVERY, NUMBER PLATES, FIRST REGISTRATION TAX AND A FULL TANK OF FUEL).
梅赛德斯–奔驰

绝接受，比如说，漂亮的山羊绒外套毛衣，或在公路上夜间驱车时汽车的仪表板），而且，也许更加公允地，针对由于产品的宣传手段而导致的我们扭曲变形的需求。由于我们既不了解这些产品的真正用途，也不了解我们自己的真正需求，所以这些产品从表面看来显得必不可少，显得能够为我们的生活带来莫大的幸福。

一个汽车广告，比方说，会小心谨慎地避免提及我们心理的某些方面，或拥有汽车的全部过程，因为知道了这些，可以破坏或至少降低我们因将要拥有一辆漂亮汽车而具有的快乐。广告绝对不会提及一件事，那就是一旦我们拥有了某个东西，用不了多久，我们就会停止喜欢它。要想停止注意某件事物，最快的方法就是将它购买到手——就如同要想停止欣赏某个人，最快的方法可能就是与其结婚。受各种观点的蛊惑，我们相信取得某种成就或购买某种商品，就可以保证我们长期享受满足感。外界观点总是引导我们，让我们想象自己在攀登幸福崖上的最陡峭的一边，一旦爬上去，就可以到达一个广阔的高台，在其上我们就可以一直享受幸福生活；从来不会有人告知我们，一旦到达顶点，我们又会被唤回谷底，重新处于焦虑和欲望的洼地中。

生活就是用一种焦虑代替另一种焦虑，用一种欲望代替另一种欲望的过程——这样说，并非要我们永远都不要去努力克服焦虑，或不要努力去满足某种欲望，而是要求我们在努力追求的过程中要明白一个道理：我们的任何一个目标向我们提供的一劳永逸的保证，按照目标本身的意思，是不可能实现的。

设想中的取得某种成就或购买某种商品后获得满足的情形

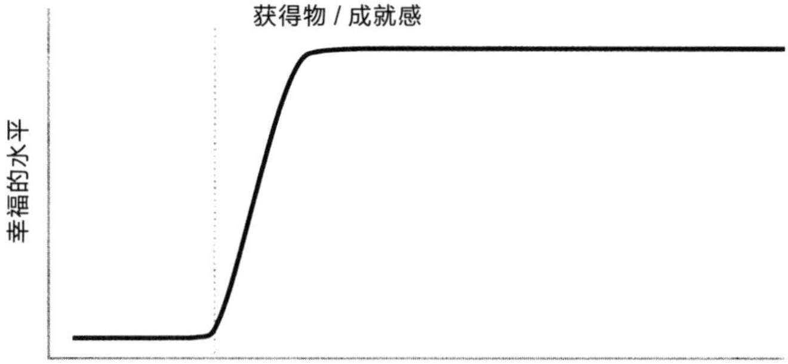

在取得某种成就或购买某种商品后的真正情形

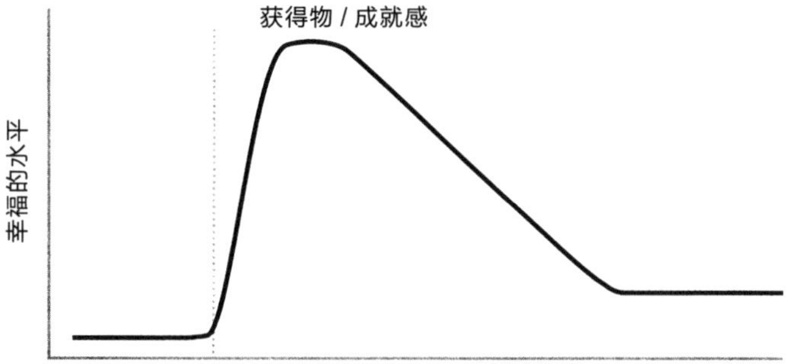

购买的汽车，就如同任何一件我们已经拥有的美妙的事物一样，很快就会消失在我们生活的物质背景之中，从此很难再被人注意到——直到有个晚上，有个窃贼做了一件具有自相矛盾的双重含意的事，砸破了车窗玻璃，偷走了收音机，但同时用一堆碎玻璃提醒我们，我们应该感谢生活为我们提供了这么多美好的东西。

广告很少提及，所有的物质产品与感情事件的巨大能量相比，在影响我们的幸福水平方面具有极为有限的能力。任何设计最为高雅、制作最为精良的汽车，并不能为我们带来丝毫人际关系所能够带来的满足感——如同在家庭争吵或遭人遗弃之后，它不会使我们产生任何欣慰的感受。在此时此刻，我们甚至都会憎恨汽车毫无感情的优质功效、显示屏一丝不苟的滴答声，以及车载电脑有条不紊的计算。

我们同样能够很容易地误解特定职业的魅力，因为这些工作需要付出的代价往往被人剪辑掉了，而只是剩下了那些人们无法抗拒的优点。我们总是在阅读结果，而不是整个过程。

一旦我们停止嫉妒他人，我们就会极端痛苦地发现我们居然花了我们生命中这么多的时间来羡慕那些错误的东西。

7

现代上层身份理想的反对者认为，现代上层身份理想的最大过错在于严重地歪曲了生活中何者最重要的问题，以及把物质积累过程抬高到人生最高成就的水平，然而在一个更加真实的、更加全面的对我们自己的概念之中，物质积累充其量只是决定我们生活方向的众多因素之一而已。

对生活中何者最重要的歪曲极大地激怒了约翰·罗斯金，他批评 19 世纪的英国人（他从未去过美国）是世界历史上曾经出现过的对财富最着迷的民族。无论在何时何地，他写道，英国人从未放弃过对两个问题的关注：他拥有什么，以及他来自哪个阶层（“唯一起作用的女神可以被更好地也更全面地概括为‘使劲挣钱的女神’”）。他们为自己没有足够的财富而深感耻辱，为他人拥有财富而深怀嫉妒。

但罗斯金自己忏悔了一番。他话锋一转，完全出乎意料地说，他自己也为变得富有而发狂。他坦承，关于财富的想法从早餐到晚饭，一直萦绕在他的心头。然而他只是利用“财富”一词的模糊性，讽刺性地玩弄字眼罢了，他借此来强有力地说明他的同胞们已经过远地偏离了美德。因为字典告诉我们，财富并不仅仅指大量的金钱，在历史上，金钱甚至都算不上财富的首要组成部分。财富内涵极为丰富，可以指从蝴蝶到书本再到微笑的所有的东西。罗斯金喜欢财富，他甚至为财富而心醉神迷。然而，他心目中的财富属于独特的类型：他希望能够在拥有友好、好奇、敏感、谦逊、虔诚和智慧等方面变得很富有——这些素质他简单地冠名为“生活”。在《给那后来的》一书中，他因此请求我们放弃日常把财富等同为金钱的观念，采取以“生活”为基础的思维观点，根据这种思维观点，世界上最富有的人将不再理所当然地是商人或地主，而是那些在凝视夜晚星空时深深感到惊奇的人，和那些能够理解和减轻他人痛苦的人。“除却生活别无财富，”他吟哦道，“而生活饱含着它全部的爱的能力、快乐的能力以及欣赏的能力。一个能够养育最大数量的高尚而幸福人群的国家是最富有的国家；一个能够把自己生活的价值发挥到极致，而且通过个人的努力，或通过自己拥有的财物，能够对他人施以最广泛的有利影响的人将是最富有的人……好多普遍被认为很富有的人，其富有程度实际上还比不上他们保险柜的锁子，他们是那些天生的、永远不可能变得富有的人。"

罗斯金所讲述的是预言家如孩童般简单明了的真理——只要人们没有对此狂笑不已（《星期六评论》把罗斯金形容为一个"发了疯的女家庭教师"，把他的观点形容为"空洞夸张的歇斯底里"，"纯粹是一堆废话"和"令人无法忍受的胡言乱语"），他们就开始听从这些道理了。在 1906 年，英国首次有 27 个劳动党的下院议员进入国会，当人们问及哪本书在激励他们通过政治途径寻求社会公正方面发挥过最重要的作用时，其中有 17 个引用了罗斯金的《给那后来的》一书。13 年之后，在罗斯金百年诞辰纪念会上，萧伯纳在演讲中认为，与罗斯金的作品相比，弗拉基米尔·列宁的抨击与卡尔·马克思的谴责显得有点像一个乡下牧师的陈词滥调（虽然由于罗斯金喜欢玩弄名称标签，称自己是"一个旧派的疯狂的保守党人——与沃尔特·司各特[1]同属一派，也就是说，与

1 Walter Scott(1771—1832)：苏格兰小说家、诗人、历史学说、传记作者，常被认为是历史小说的首创者和最伟大的实践者。他的生活经历、成就和声誉充满了矛盾。他既是 18 世纪苏格兰头脑冷静的知识分子，又是浪漫主义的先驱；既是个理性主义者，又被迷信、预兆和预言弄得神魂颠倒。——译者

荷马同属一派”)。“我一生中碰见过一些极端革命性的人，”萧伯纳继续说，“当我问他们，‘是谁让你们走上了革命的道路，是马克思吗？’时，他们中的相当一部分人都简单地说，‘不是马克思，是罗斯金。’罗斯金大概是对我们社会的现存状况进行批判的最彻底之人。罗斯金对当时社会上层人士的政治评价以一句话开始，也以同一句话结束，‘你们是一群窃贼’，尽管他本人也属于这一阶层。”

在此一观点上，罗斯金并非孤独一人。19世纪还有其他一些人，要么用愤怒的声音，要么用悲观的声音，表达了相同的批判性观点。他们认为金钱已经变成了决定一个人尊严的主要因素，已经成为判断一个成功人生的诸种美德的依据，而不仅仅是依据之一，或者是其中最重要的一个依据。“人们习惯于把财富本身作为一个宝贵的目标来追求，但从来没有哪个民族像当前的英国人那样视金钱如性命，”马修·阿诺德在《文化与无政府状态》一书中慨叹道，“历史上从来没有任何一个民族能够像当今十分之九的英国人一样，坚信我们的地位名望和幸福生活完全取决于我们是否富有。”同7年前的罗斯金一样，阿诺德劝诫这个世界上的第一个，也是最发达的资本主义国家的公民们，要他们把财富仅仅视为获得幸福的众多手段之一。就阿诺德自己看来，幸福是一种“内在的精神活动，其特征是人变得更加和蔼可亲、更加睿智通达、生活更加丰富，而对待他人则带有更多的同情（他的观点又一次引发了《每日电讯报》的批评家们的冷嘲热讽)”。

托马斯·卡莱尔完全支持罗斯金和阿诺德的观点，只不过他更加生气而已。在《迈达斯王[1]》(1843)中，他问道：“英国日益繁荣的工业，虽然创造了大量财富，但……还没使任何人发财致富……我们有奢侈豪华的物品供我们使用，但却已忘记如何在这些物品之中生活。好多人吃的是珍馐美味，喝的是醇醪名酒，但在他们的心中，这是不是就使他们更幸福了呢？难道他们就更善良、更漂亮、更健壮、更勇敢了吗？难道他们真的就像他们自己所说的更‘幸福’了吗？他们是否以满意的心态看待这个上帝创造的地球上的更多的事物和他人，或者是否有更多的事物和他人以满意的心态来看待他们？并非如此……我们已经彻底忘记了，在任何地方，现金交易并不是人际间的唯一关系。”

卡莱尔并没有对现代企业的优越性视而不见。他甚至为会计学的一些工作方法所折服（“复式簿记法非常值得称道，能够把好几项事情精确地记录下来”）。但如同阿诺德和罗斯金，以及在他之前和之后的好多批评家一样，他无法接受这样一种生活方式，即他所称的“拜金主义”已经完全破坏了人们在“上帝创造的地球”上追求“幸福感”和“满足感”的愿望。

---

1 Midas，希腊神话中弗利加之王，贪恋财富，能点物成金。——译者

政治观念的变化

1

不管社会等级体系使我们多么不快，或多么困惑，我们总是以一种听天由命的心态接受它，因为我们认为这一等级体系根基太深，基础也太过扎实，已经变得难以对其进行挑战，而且支持这一等级体系的社会群体和信念实际上亘古未变，或简单地说，他们都是理所应当的。

2

在历史长河中，有好多观点鲜明的思想曾一度被认为是理所应当的：

“理所应当的”思想，1857—1911 年

确凿的事实是男人从一开始就受命统治女人：对这样一个永恒的天命，我们既无权利，也无能力去改变。

——珀西伯爵（1873）

在一个受过良好教育的欧洲男人和一个欧洲女人之间存在的身

体和道德差异，要远甚于在一个欧洲人和中非野蛮部落的黑人之间存在的差异。

——克罗默勋爵（1911）

绝大多数的妇女对任何形式的性感觉毫不在意（这对她们而言是一件好事）。

——威廉·阿克顿爵士（1857）

作为一个种族，非洲人要比白人低劣；受制于白人是他们的正常状态。因此，我们的社会体系认为非洲人比我们低劣，是建立在伟大的自然法则之上的。

——亚历山大·斯蒂芬斯（1861）

3

那些被社会重量级人物认为是颠扑不破的真理，实际上往往是相对的，是可以进一步商榷的。一旦认识到了这一层，一种政治上的觉悟就会随之产生。我们可以满怀信心地批判这些观点，即使这些观点看起来多么像树木、天空一样自然，但实际上它们都——一种政治观点坚持认为——为一些特定的人所维护，并用来服务于他们特定的使用目的或精神目的。

如果这种相对性很难被人觉察，那是因为占支配地位的观点总是煞费苦心地证明，它们的真实性就如同太阳的轨道一样是无法更改的。它们总是宣称自己仅仅在陈述一件显而易见的事实而已。我们借用卡尔·马克思的一个非常有用的词汇——意识形态——来描绘这种情形：它们都是意识形态的，而任何意识形态的思想总是打着客观公正的幌子，来巧妙地推行偏颇的论点。

对马克思而言，在一个社会中主要由统治阶级来决定意识形态，我们可以用他的观点来解释以下的两个现象：在一个由地主阶级控制权力的社会里，土地带来的财富和由此产生的可继承的上层地位被绝大多数的人们认为是理所应当、毋庸置疑的（甚至包括在这一体系中被边缘化的那些人）；而在一个商业社会中，是那些企业家的成就占据着老百姓对成功的想象。用马克思的话说："每个时代占统治地位的思想往往是统治阶级的思想。"

然而这些意识形态的观点如果表现得过于咄咄逼人，那么它们就不会强有力地占据统治地位。意识形态观点的精髓就是，除非我们的政治素养得到了极大的发展，否则我们很难意识到它们的存在。意识形态就像无色无味的气体一样，被释放到社会中。它通过报纸、广告、电视节目和教科书得到体现——在这些领域，意识形态在宣传它对世界偏颇的也许还是缺乏逻辑的、缺乏公正的理解；在这些领域，它羞羞答答地暗示，它只是在陈述一件自古就有的事实，而只有那些蠢材或疯子才会对此加以否认。

4

但这种崭露头角的政治思维方式抛弃了温文尔雅和陈规陋习，认为自己坚持相反的立场是无可厚非的，它带着孩童的天真无邪和判狱老吏的锲而不舍问道："事情不得不这样吗？"

受压迫的状况很可能被解释为一种迹象，表明自然对一个人做出惩罚，让他永远受苦。但如果变换一种政治角度，重新进行解释，那么一个糟糕的处境可以归结于一些或许可变的社会力量。负疚和羞愧从而可以转化成为理解，以及对更加平等地分配身份的探求。

5

萧伯纳，《智慧妇女的社会主义和资本主义指南》：

"你必须清除头脑中的幻象，这种幻象在我们孩提时代起就已经具有了，那就是我们坚信，我们生活于其中的任何机制都是同天气变化一样自然而然，无须争议。实际上并非如此。因为它们在我们生活的小小世界里到处存在，所以我们便理所当然地认为它们一直都是存在的，而且在将来也会一直存在。这是一个极为危险的错误。它们实际上一直处于变动不居、相互替换的状态中。在过去几代人中没有人能够相信的变化确确实实地发生了。孩子们现在认为在学校里读9年书，领取养老金和寡妇赡养费，在选举中投妇女的票，以及国会中有穿短裙的女士，都是自然秩序的一部分，以前一直是，将来也会一直都是；然而他们的曾祖母如果听到有人说这些事物即将发生，那么她们将会骂说话者是个疯子——而且认为任何想要这些事情发生的人都是邪恶缺德的。”

6

在 20 世纪的西方社会，最成功地改变自己的身份的人群当属妇女——她们认为自己有权质疑自己的社会地位，她们的这种思维方式对总体政治觉悟的提高能够提供宝贵的借鉴作用。

弗吉尼亚·伍尔夫在《一间自己的房间》（1929）的开篇部分，描绘了她在一个秋天的剑桥大学之行。在此行中，她决定到三一学院图书馆去看看——为了查阅弥尔顿的《利西达斯》和萨克雷的《亨利·埃斯蒙德》的手稿。然而正当她准备步入图书馆时，“一个面部带着反对的表情、满头银发、慈祥和蔼的绅士”出现在她的面前，“用低沉的声音含着歉意说，女士们只有在一名校务委员会委员的陪同之下，或持有介绍信的情况之下才能准许进入图书馆”。在一件很小的事情上，伍尔夫遇见的是歧视妇女的国家根本原则之一：妇女没有享受接受高等教育的同等权利。

很多妇女会因此种事件而受到伤害，但很少有人能够对此一令人生气的行为从政治的角度做出反应，很少有人除了怨天尤人之外还会采取其他的举措。毕竟，在历史上妇女从来没有享受过与男人同样的受教育权利。我们应该知道，一些英国最著名的医生和国会中的一些政治家认为妇女从生物学的意义上讲，思维能力落后，是因她们的颅骨太小的缘故。那么，当一位绅士拒绝一位妇女进入图书馆，而且特别是在他带着道歉和微笑很有礼貌地说出这个意思的时候，这名妇女还有什么权利来怀疑这位绅士的动机呢？

伍尔夫并不是一个轻易就忍气吞声的人。她使用了最根本的政治思维，她没有问自己："我被挡在图书馆外边，是不是我在什么地方错了？"相反，她问，"图书馆管理人员把我挡在图书馆门外，是不是他们在什么地方错了？"当观念和制度被认为仅仅是"自然而然"的时候，要么把受伤害的责任搁在抽象的东西上，要么由受害者本人承担。但从政治的角度来思考问题，我们就可以思考是否观念本身错了，而不是思量我们性格中是否有所缺陷。不是满怀耻辱地去想："我是不是有什么问题［比方说，是一个女人，或有黑色的皮肤，或囊中羞涩］？"而是大胆地去问："别人对我进行非难，是不是他们有可能错了，或有失公正，或不合逻辑？"——这个问题的提出显然不是出于对自身清白性的信任（那些妄想用政治激进主义来避免自我谴责的人，往往采用这一立场，即完全相信自身的清白性），而是出于完全不同的认识，这种认识认为在制度、观念和法律中所包含的愚蠢和偏见，要比我们在自然观念下所能够想象到的多得多。

因此在她回剑桥宾馆的路上，伍尔夫从她个人的伤害中走出来，进而思考女性的普遍地位：“我在思索贫困对心灵有何影响，财富对心灵有何影响；我在想吃闭门羹多么令人不快；我也在想一种性别的人享受着安全与繁荣，而另一种性别的人则要忍受安全感的缺乏与贫困的困扰。”她开始思考并怀疑她从小接受的关于妇道的教育：一个女人应该在任何时候都要表现得“魅力无穷，完全无私。她应该对家庭中的困难的艺术样样在行。她应该每天牺牲自我。如果餐桌上有一些鸡肉，那么她必定是拿着鸡脚的人；如果房子里有穿堂风，那么她必定坐在那挡风——总而言之，她受到的妇道教育如此彻底，以至于她从来都不会为自己着想，而是时时刻刻关注他人的思想和愿望”。

回到伦敦以后，问题仍在继续：“为什么男人喝酒，而女人却喝水呢？为什么一个性别的人如此富有，而另一个性别的人如此贫穷呢？”为了“排除对女性歧视的这些印象中所包含的个人因素和偶然因素”，伍尔夫去大英图书馆（20年前妇女被准许进入）调查在历史上男人对女人的态度。她发现了一连串惊人的歧视和严重失实的真理，而这些真理是由那些神职人员、科学家和哲学家以权威的身份向外界进行传播的。妇女据称因受到上帝的惩罚而地位卑下，她们从身体的角度而言不适合管理或运营商业活动，她们身体单薄无力而难以胜任大夫的工作，当她们来月经的时候，她们绝对不能可靠地操作机器或在法庭审判时保持客观公正。在这一切不公正的思想背后，伍尔夫认识到问题的关键就是金钱。妇女没有自由，包括思想的自由，因为她们没有控制自己的收入："妇女一直都很贫穷，她们的贫穷并不仅仅是最近200年的事，而是在人类历史上一直都是这样。妇女所享有的精神上的自由还不如雅典奴隶的后裔们所享有的自由。"

伍尔夫的著作提出了一种具体的政治上的要求：妇女不但需要尊严，同时需要受教育的平等权利，需要每年"500英镑"的收入和"一间自己的房间"。

7

现代身份理想所包含的意识形态的因素，或许缺乏像19世纪的种族和性别歧视那样的尖锐性。它带着微笑出现在无伤大雅的地方，出现在我们所阅读、所听到的各种琐碎细小的消息当中。但它依然在什么是美好的生活方面维持着一种同样偏颇的，甚至有时候，歧视性的观念，这种意识形态需要我们去仔细审查。

意识形态的信息从社会无所不在的言论和图像中散发出来，而我们抵御这些言论和图像影响的能力并不像我们想象的那样强大。比如说，如果一个人在阅读了周日报纸的全部内容之后，认为他的社会价值观念和欲望观念并未因此产生多大的改变，而且认为还不如花同样的时间阅读一章雅各布·布尔克哈特的

伦敦洲际酒店
是否听说过有人梦想着只到达终点的一半?
在爬上巅峰的过程中,你很难把事业和快乐结合在一起。但这并不表示旅程不能够舒适愉快。我们知道要如何做到这点。
伦敦洲际酒店
www.intercontinental.com 00 800 1800 1800

艾迪决心离开收发室
小艾自愿尝试各种事务
爱德华呈献的优秀商业计划书获得了老板的赏识
爱华德·帕克斯先生的推销天分使销售量直上云霄
E·帕克斯总裁总是对人说："请叫我艾迪。"
永不安于现状
福布斯
订阅本杂志请致电1-800-888-9896转17
或登陆网站：www.forbes.com/sub.

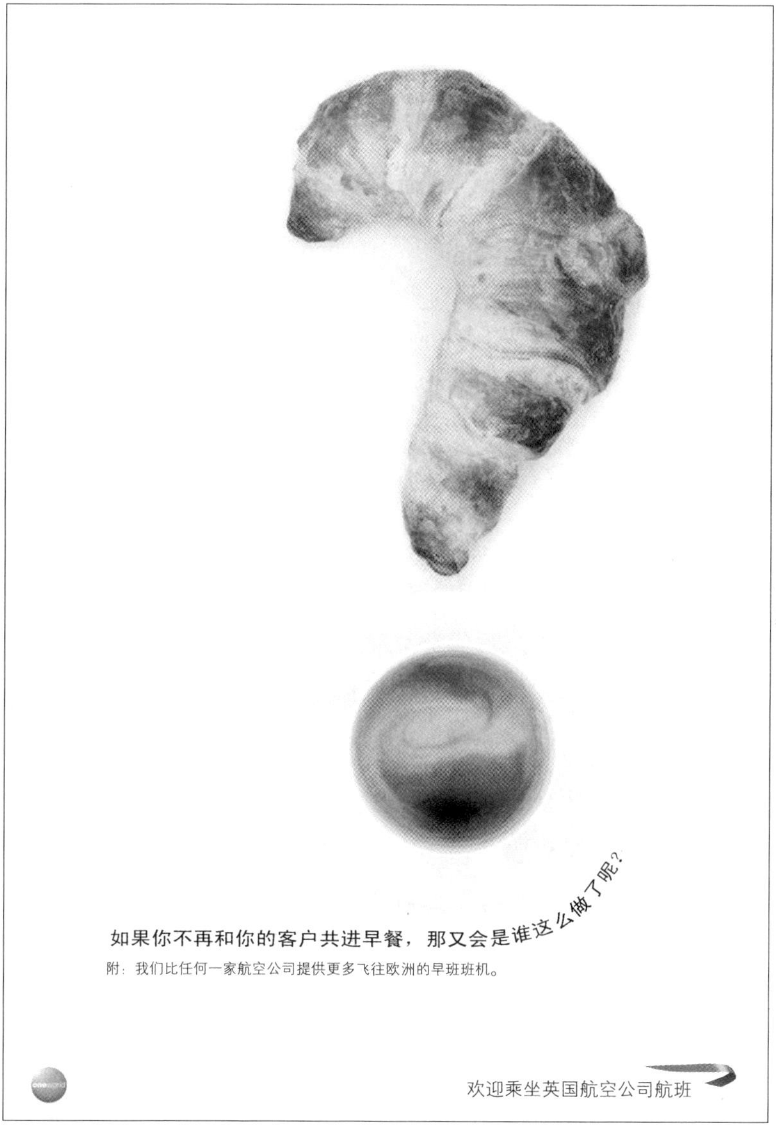
如果你不再和你的客户共进早餐，那又会是谁这么做了呢？
附：我们比任何一家航空公司提供更多飞往欧洲的早班班机。
欢迎乘坐英国航空公司航班

《文艺复兴时期的意大利文化》或《加拉太书》[1]对自己产生的改变（在马克斯·韦伯看来，阅读周日报纸已经变成了上教堂做礼拜的替代仪式），那么，他就是极为严重地低估了报纸的影响力。

8

上述从政治角度所做的观察，其目的在于追求对意识形态的理解，通过对意识形态进行分析，使它丧失理所应当的合理性，进而使它丧失其影响力——从而在面对意识形态时，我们不再迷惑不解和沮丧不堪，相反我们对意识形态的起因和影响将会有一个清晰明白、追根溯源的把握。

一旦受到质疑，现代上层身份理想自然就会丧失其理所应当或来自神授的合理性。现代身份理想是工业生产和政治组织发展的产物，而工业生产和政治组织发端于18世纪后半期的英国，然后扩展到整个欧洲和北美洲。报纸和电视节目所灌输的对物质至上主义、企业家精神和物质精英论（“每个时代占统治地位的思想往往是统治阶级的思想”）都反映了那些控制整个经济体系的人的利益，而普通大众则需要依赖这个经济体系来养家糊口。

理解了这一层道理，并不能奇迹般地消除身份理想所能导致

1 The letter of Paul to the Galatians：《新约全书》中的一卷。是使徒保罗写给地址不详的某些基督教会的书信。在这封信中，保罗有力地维护了自己作为耶稣基督真正门徒的权利。——译者

的诸多忧虑。理解内情与政治上的困难之间的关系有点类似于气象卫星与气象灾害之间的关系。理解并不是总能防止问题的发生，但它在一个最小的范围内，能够教会我们很多有用的东西，让我们知道如何以最好的方式去面对问题，从而大幅度地降低受害的感觉、被动的感觉和困惑的感觉。或者我们可以更加野心勃勃地说，理解这一切将是我们迈出的第一步，以此开始我们可以改变或者挑战社会理想，从而建立一个更美好的社会。在这个社会里，把尊严和荣誉教条式地、不加质疑地赋予那些依然踩着高跷的人的可能性会有所降低，即使是非常微弱的降低也罢。

第四章　基督教

死　亡

1

托尔斯泰的中篇小说《伊凡·伊里奇之死》(1886)的主人公长期以来与妻子毫无感情可言，他的几个孩子对他来说像谜一样毫不了解，他也没有任何朋友，他所有的社会交往就是那些能够在事业上对他有所提拔的人，这些人高高在上的社会地位对他来说是无比荣耀的诱惑。伊凡·伊里奇是一个以全副身心去关注身份的人。他住在圣彼得堡一间宽敞的公寓里，公寓根据当时最流行的风格装修，在这所公寓里经常举行一些了无生气的宴会，宴会上没有任何人会讲一些热心的或真诚的话。他是一名高等法院的法官，他喜欢这个职业主要因为这个位置能够给他带来他人的尊敬。有时候，在深夜，伊凡·伊里奇阅读一本关于"当下城里的人们在谈论什么"的书，他也通过杂志来掌握社会的流行趋势。托尔斯泰这样概括这位法官的生活："伊凡·伊里奇从工作中获得的乐趣是自尊心的满足；他从社会中获得的乐趣是虚荣心的满足；而他从打牌中获得的乐趣才是真正的乐趣。"

然而，在伊凡45岁的时候，他的身体一侧开始疼痛，然后疼痛开始逐渐扩散到全身。他的大夫们对他的病情不知所措。他们不着边际、夸夸其谈地论说肝脏移位和不和谐的盐分水平，给他开了一大堆非常昂贵，却没有任何疗效的药物。他身体太虚弱，已经无法上班，他的内脏就像着了火一样难受，他开始对饮食不感兴趣，而更重要的是，他对打牌也失去了兴趣。慢慢地，这位法官和周围的人都开始觉得他快要死了。

对伊凡在法院的好多同事而言，这实在是一个振奋人心的消息。费奥多尔·瓦西里耶维奇在想，一旦伊凡去世，自己很可能会得到施塔别尔的职位或文尼科夫的职位——而这次晋升将意味着增加 800 卢布的收入外加办公室开销。另外一个同事，彼得·伊凡诺维奇也在规划自己的前景，认为这将是把他的内弟从卡卢加调来的绝妙机会，这样就会使他老婆高兴，从而缓解紧张的家庭关系。这个消息对伊凡的家庭来说略为有点沉重。他的妻子虽然毫不在乎他这个人的死亡，但她担心死亡抚恤金的数额，而伊凡的女儿是个交际花，她所担心的是父亲的葬礼将会影响她的婚礼安排。

而对伊凡自己而言，现在只剩下几周好活了，他意识到自己浪费了在世上的光阴，意识到自己一直过的生活在表面上虽然显得春风得意，而内心里却是无聊苍白。他回首往事，追忆自己的成长过程、教育经历和职业生涯，这才发现他曾经做过的每一件事都服务于一个目的，即想使自己在他人心目中显得更加重要；为了给别人留下一个良好的印象，他牺牲了所有的兴趣和对其他事物的感受，然而他现在发现，别人对他根本就不在乎。在一个晚上的凌晨时分，他忍受着痛苦的煎熬，“他突然意识到，他身上的那些与上层社会的人群所称道的东西相背离的难以觉察的冲动，那些他经常压抑的模糊的冲动，很可能就是真正的价值之所在，而其他的事物则都不是真正重要的东西。他的公务职责、他的生活方式、他的家庭、社会上的人和从事他的职业的人所称道的价值——这一切的一切很可能都不是真正重要的东西”。

他浪费了自己短暂的一生，这让他痛苦，然而更加令他难以释怀的是他意识到他周围的人所喜欢的仅仅是他的身份，而不是他真正的、脆弱的自我。他因为是一个法官、一个有钱的父亲、一家之长而受人尊敬，而现在这一切身份都即将消失，在痛苦和恐惧中，他知道他不能指望任何人能够爱他：“最折磨伊凡·伊里奇的是没有人能够给予他同情，而这是他最渴望得到的。在经过长时间的折磨之后，他最希望得到的是（虽然让他公开承认显得有失体面）有人能够像对待生病的小孩那样疼他。他希望有人抚摸着他、亲他、抱着他哭，就像生了病的小孩一样被人宠着，被人抚慰着。他清楚地知道自己是一个重要官员，而且胡须已经花白，因此这一切都是不可能实现的；然而，不管怎样，他都渴望得到这些。”

当伊凡咽气之后，他的那些所谓的朋友来吊唁他，但他们一直感到惋惜不已的是伊凡的死打乱了他们打牌的日程安排。他的同事彼得·伊凡诺维奇看着伊凡蜡黄、凹陷的脸躺在棺材中，开始想到终有一天死亡也会降临到他的头上——这个想法将会对他产生一些严肃的涵义，特别是针对他花费大量的时间打牌这件事来说更是如此。"'唉，这一同样的事件在任何时候都可能发生在我的身上，'彼得·伊凡诺维奇想，有一阵工夫，他感到惊慌失措。但很快地，他甚至都不知道为什么，一个习惯性的想法使他摆脱了困境，他看见这一切已经发生在伊凡·伊里奇的身上，而不是发生在他的身上，这件事不可能，也永远都不会降临到他的头上；同时他也认识到一旦他承认这一可能性，他将会陷入无穷的忧虑当中。"

2

《伊凡·伊里奇之死》，用基督教最优良的传统来解释，就是研究通过思考死亡如何使我们的追求减少世俗的成分，而增加精神的内容；如何使我们减少对打牌和宴会的迷恋，转而追求真理和仁爱。

如果托尔斯泰明白死亡的力量可以改变我们对生活关注的理解，那是因为在写这部中篇小说的几年之前，他意识到有一天他会死去，正是在这种意识之下，他对自己的生活进行了反省。他在《忏悔录》(1882)中记录了死亡所引发的各种思考，他解释说，在他51岁的时候，他已经完成了《战争与和平》和《安娜·卡列尼娜》，此时的他已是举世闻名、家财万贯，他意识到自己从早年起，就没有按照自己的价值，或按照上帝的价值生活，而是遵照“社会”的价值生活；同时他也意识到这一情况使他在心中形成了一种强烈的欲望，要比他人更强；要比他人更加出名、更加重要、更加富有。在他的社交圈子里，“野心、权力欲望、贪婪、好色、骄傲、动怒和报复受到普遍的尊重”。但现在，心中装着对死亡的思考，他开始怀疑他以前的各种抱负的合理性。“‘那么好吧，你在萨马拉省有 6 000 俄亩[1] 土地，300 匹马，那又怎样呢？……好让你的声誉比果戈理、普希金、莎士比亚、莫里哀，比世界上所有的作家都高，那又怎么样？’我什么都不能回答。”

最终平息他所有问题的答案就是上帝。他将完全遵从耶稣基督的教导度过余生。不管我们如何理解托尔斯泰用经典的基督教的途径来解决他的意义危机，他的怀疑旅途遵循着一个熟悉的轨迹。这是一个对死亡的思考使人们获得一种更加真实、更加富有意义的生活方式的例子；这是一个庄严的呼唤，要求我们决定在生活中真正值得追求的东西，我们可以通过对巴赫的编号为 BWV106 的康塔塔《上帝的时光，是最美好的时光》来加深对这一点的理解：

收拾好你的屋子，	Bestelle dein Haus,
因为你将离世而去，	Denn du wirst sterben,
而不是一直活着。	Und nicht lebendig bleiben.

1　1 俄亩约合 2.75 英亩。——译者

这是亘古未变的法则：	Es ist der alte Bund:
人们啊，你们肯定要死去。	Mensch, du musst sterben.
那么，来吧，主耶稣。	Ja, komm, Herr Jesu.[1]

3

但致命性的疾病到底是怎样使我们远离对身份的过度关注的？

从本质上来说，是通过去除社会赖以赋予它的成员以荣誉的理由来实现的：例如，举办宴会的能力、高效率工作的能力以及施与赞助的能力。通过这样的途径，死亡向我们揭示出我们妄图通过身份获得的各种意图都是极为脆弱或毫无价值的。当我们身体健康、事业发达之际，我们从来不会去探究他人对我们的赞誉之声是出于真诚的感情，还是出于想从我们身上获得好处的、容易消失的需要。我们往往缺乏勇气或以愤世嫉俗的态度来思考："他人尊敬的是我，还是我在社会中的地位？"疾病能够消除这些世俗之爱赖以存在的各种外在条件，从而使这两者之间的差别变得快速而残酷地明显。当我们穿着医院的病服，等待死亡的来临时，我们易于对那些因为我们的社会地位而爱我们的人产生愤怒和反感，同时对他人精心策划这些缺乏感情的诱惑，以及我们虚荣地受到他们的诱惑而生气不已。即将死亡的想法能够让真实回

1 原书这首诗英语与德语上下排列，此处译文系从英语译出。——译者

归社会生活。要想把我们的社会交往名单进行筛选和清除，最好的方法就是思考在我们的熟人中间，有哪些人会跑到医院去探望我们。

随着依赖外在条件的感情开始丧失对我们的吸引力，我们为了得到这样的感情而一直矢志追求的事物也开始丧失其吸引力。如果财富、尊严和权力能够为我们购买某种感情，而且只要我们的身份仍在继续，这种感情就会继续，但问题是，我们注定要在无助和落魄中结束自己的生命，我们在弥留之际肯定渴望像小孩一样被人关怀，那么我们就会有一个极为清晰的理由，把所有的精力集中在那些最能够经受住我们身份变化腐蚀的人际关系。

4

希罗多德曾经记录了埃及宴会即将结束之时的习俗，正当这些饮酒狂欢的人处于兴高采烈的高潮时刻，仆人们会用担架抬着骷髅走进宴会厅，并在饭桌之间穿行。令人遗憾的是，他并没有进一步解释死亡的思考给这些寻欢作乐的人带来了什么样的影响。死亡的想法使他们投入更大的精力去寻欢作乐呢，还是使他们带着一种新发现的严肃精神回到家里呢？

死亡的想法对我们的影响或许就是引领我们去追求任何对我们真正重要的东西，不管这些东西是在尼罗河畔饮酒，写一部书，还是发一笔财；同时还会鼓励我们漠视他人对我们的评价，因为他人的评价毕竟与我们的死亡没有丝毫的关系。对死亡的预见能够使我们追求我们内心中最渴望的生活方式。

人生难免一死的想法使得安德鲁·马韦尔做出了一件广为人知的事情，他成功地通过一首诗引诱一位犹豫不决的年轻女子跟他上了床，在诗中他不仅强调她的美丽和他的忠诚，而且强调了一个缺乏浪漫情调的事实，那就是她和他两人很快将不复生存于世。“致羞涩的情人”（1681）的女主人公很显然因为担心周围人的风言风语而不敢表达自己的欲望，马韦尔利用死亡的幽灵，使她的注意力不再关注她在社会中的地位，转向关注她自己的愿望。诗人解释说，倘若情形不是这样，那她的羞涩踌躇就不会是一种罪过：

在我的背后经常传来
长着双翅的时光战车疾驶而来的声音；
而在我们所有人的眼前铺开的是
广阔无垠、永恒不变的荒漠……
坟墓固然是一个美妙而幽静的地方，
但我认为没有人会在此地互相拥抱。

莎士比亚好像也精于此道，他知道，通过提醒他人对死亡进行思考来勾引他们往往能够收到很好的效果，在他的几首十四行诗中，他督促他心爱的人们要预见到这一刻：

四十个寒暑将会围攻你的额头
在你漂亮的田野上挖出一道道沟壑，当斗转星移、时光流逝：
……你年轻的白昼终将为失去光辉的黑夜所代替……

虽然死亡的想法很可能会被人滥用（如使他人惊慌失措，从而干一些他们从来都不愿意干的事情），但我们依然希望它能够帮助我们改变自己的行为方式，因为我们总是在追求目前最重要的事情，而把我们真正喜欢做的事情一再延迟，好像我们总是有足够的时间来这样做，死亡的想法能够改变这一切。对死亡的思考能够赋予我们以勇气，使我们能够摆脱社会对我们的期望中的那些毫无道理的成分。在一具骷髅之前，他人观点中那些令人压抑的东西将会习惯性地丧失赖以吓人的力量。

5

从死亡的角度来看待人的生命中什么事才算得上富有意义，基督教和世俗的看法各不相同，但不管两者之间有多大的差异，它们似乎都强调仁爱，强调真诚的社会交往，强调乐善好施；同时它们都反对过度关注权力、武力、财富欲的膨胀和它们所带来的荣誉。在人类的生活中有一些行为，一旦与死亡的思考联系到一起，不管在何时何地，都会显得无关紧要。

希罗多德在另一个地方记录了波斯势力强大的国王的事迹。

克谢尔克谢斯在公元前480年率领一支约200万的军队成功地侵占了希腊，当他看到海列斯彭特停满了他的战舰，每一个平原驻满了他的军队时，他开始为自己的幸运和能力庆幸不已。但时过片刻，他开始痛哭失声。站在旁边的他的叔叔阿尔塔巴诺斯惊呆了，问他处在一个像克谢尔克谢斯的位置上的人还会有什么可以痛哭的呢。克谢尔克谢斯回答说，因为他意识到在百年之后，他眼前所有的这些人，帮助他使全世界为之战栗的每一个士兵、每一个水手，都将作古。

有一张照片，上面是1902年春天芝加哥的亨氏公司销售员在参加会议的情景，当我们现在看到这幅照片上的与会者时，我们体会到的是同样的伤感和对一些成就的价值以及对意义的界定的怀疑。我们可能一边想着他们为了提高在全美国的番茄酱和泡菜的销售量而制订了振奋人心的计划，一边像波斯国王克谢尔克谢斯那样痛苦地放声大哭。

当然，死亡擦去的并不仅仅是攻占他国，或创建品牌，而是包括我们从事的所有的事情。当我们看到一位母亲在教她的长着酒窝的小孩如何系鞋带，并想到他们有一天也要离开人世，我们不禁为之落泪。但不管怎样，我们依然觉得抚养小孩要比推销调味品在死亡面前更有意义；帮助朋友要比率军打仗更有价值。

“虚空的虚空，凡事都是虚空。”《传道书》（第1章，第2节）的作者慨叹道，“一代过去，一代又来，地却永远长存。”然而，基督教的伦理学家认为，并非所有的事情都是同样徒然虚妄的。在16世纪的基督教地区，一种新的绘画题材得以发展，并在以后的两个世纪里深深地吸引了购画阶层，引发他们的想象。这个画派根据《传道书》的主题取名为“虚空艺术”，其作品悬挂在家庭环境中，往往挂在书房或卧室。画面上是一张桌子或一个壁柜，其上摆放着一堆相互抵触的东西。它们是鲜花、硬币、吉他或曼陀林、象棋、桂冠和酒瓶：寻欢作乐和人间荣耀的象征物。在这些东西中间，摆放着两种代表死亡和人生苦短的象征物：头骨和沙漏。

亨氏公司销售员在销售会议后的宴会上合影留念，芝加哥，1902年

这些作品的目的并非要让拥有者因万物皆虚妄的事实而沮丧不堪；相反，这些画的目的是赋予人们以勇气，让他们能够以批判的眼光检查自己生活中的每个细节，同时给予他们以理由，让他们能够以更严肃的心态去关注爱、善良、真诚、谦卑和友好等美德。

上图：菲利普·德·尚帕涅，虚空艺术，约 1671 年
右图：西蒙·勒纳尔·德·圣-安德雷，虚空艺术，约 1662 年

LE TOMBEAV
DES

6

除了对我们自己必死的命运进行思考之外，我们还可以通过思考他人的死亡来摆脱身份的焦虑，特别是那些取得很高的成就使我们自卑和嫉妒的人的死亡。不管我们生活在如何遭人遗弃和忽略的境况中，也不管他人多么势力强大，多么受人尊敬，一旦想到每一个人都将最终化为世界上最平等的物质——尘土，我们便会顿感释然。

1658 年在诺福克的沃尔辛厄姆村外，一个农民在耕地时挖出了排成一溜的 50 个骨灰罐，里面是罗马时期或撒克逊时期的贵族，当初以极为隆重的仪式将他们埋葬于此。这批骨灰罐的发现在东英格兰地区引起了一场小小的轰动，尤其引起了居住在诺里奇的一位博士的注意。在当年年底，托马斯·布朗爵士以发现骨灰罐为出发点写了一篇文章，“骨灰罐葬礼，或关于诺福克最新发现的骨灰罐的简要评述”，文中对追求世俗名利的徒劳、对人类天生的缺陷，以及我们只有依靠上帝才能获得救赎的认识做了广泛性的思考。

“几个月以前，在古老的沃尔辛厄姆的田野里，挖出了 40 个到 50 个陶罐，”布朗用他那节奏独特、冗长臃肿的英语记录道，“陶罐掩埋在干燥的沙质土壤里，连 1 码深都没有，陶罐之间距离也相去不远……有些陶罐里面装着两磅的骨头，其中可以清晰地辨别出头骨、肋骨、颚骨、大腿骨和牙齿。”布朗最为关注的是，这些死者曾经一度是这个地区最富有、最重要的人物，但他们的身份却在历史的流逝中完全消失了。有人认为这些陶罐里装着罗马人的尸骨，因为埋葬地点距离古罗马卫戍区不远；布朗则认为他们更像是“我们不列颠、撒克逊或丹麦祖先”。但没有人能够知道他们的名字，更别说他们死于哪个世纪。据此，布朗进而思考时间的无情力量，嘲笑我们孜孜以求的人世间的伟大与名声：“谁会知道自己尸骨的命运呢，或活了多久之后就要被埋葬入土呢？”他质问这些死去的贵族，他们曾几何时处在世上的一些位置上倍感安全，举办宴会，演奏竖琴，在早晨满怀信心地从镜子里审视自己。“对时间的鸦片没有任何有效的药物……几代人相继谢世了，而一些树木依然活在世上，古老的家族存活的时间还赶不上 3 株橡树。”用布朗的话说，一个诚实的基督徒的职责不是为了“让尘世的人记住自己”而奋斗，而应该为了“让上帝接纳自己”而生活。

这样的思想令人为之神伤，对那些正在把自己的快乐完全建立在上层身份地位上的人来说更是如此，因为那些被社会忽略的人已经非常熟悉遭人遗弃的滋味，而这种被遗弃的滋味是那些身处高位的人终究也要品尝的。正是那些富可敌国的人、貌美如花的人、声名远播的人和位高权重的人能够从死亡那里获得最残酷的教育，用基督教教义来解释，正是这些类型的人因世俗的追求而离上帝最远。

在 18 世纪中叶的英国，这种以基督教义为核心的伦理思想在一批诗人的笔下得到反复的表达，人们称他们为墓园派诗人，因为他们的主要作品都是描绘以下一些情景的诗歌：诗中的叙述者在一个明朗的、月光如银的夜晚，漫步在墓地中，在几个表面已经变得模糊不清的坟墓旁，开始思考死亡消除一切成就与荣耀的能力——很显然，这一现象并没有使诗人过度忧伤；相反，它似乎对诗人来说是一个微微受到压抑的快乐源泉。在爱德华·扬格的诗歌《夜思》（1742）中，叙述者坐在一块长满青苔的墓碑上，他的思绪转向那些过去的伟人以及他们的命运：

> 天下所有的智者、贵族、当权者、国王、征服者
> 都屈服于死亡。
> 缘何要历尽艰辛，却为了一瞬的成功？
> 即使我们拥有万贯家财，名声如日中天，又当如何？
> 尘世上最高的地位都以此结束“他长眠于此”：
> “尘归尘、土归土”最终为她辉煌的歌曲画上一个句号。

他同时代的诗人罗伯特·布莱尔的诗歌《坟墓》（1743），其背景虽是另外一个墓地，表达的主题却依然相同：

> 当我们的自高自大，或他人的阿谀奉承，
> 巧妙地使我们相信
> 我们远远高出同类的普通水平的时候，
> 坟墓则会断然否认这些令人愉悦的恭维之辞

并以铁的事实使我们了解自己的身份

以下几行诗歌是墓园派诗歌最杰出的代表人物托马斯·格雷在他的《墓园挽歌》(1751)一诗中反复使用的：

徽章的炫耀，权力的浮华，
世间所有的美貌，所有能够获取的财富，
都在等待同一个不可避免的时刻。
荣誉之路只能通往坟墓。

对那些饱受社会虐待的人们而言，当他们预见到无论个人还是社会都将永远地消亡时，他们无疑获得了一种提前实现的报了仇、雪了耻的美妙感觉。

画家们也同样热衷于绘制一些自己的文明在将来惨遭破坏的画面，以此来警告和谴责那些自命不凡的时代维护者。18世纪的法国画家于贝尔·罗贝尔非常痴迷于把一些现代法国的伟大建筑绘制成一片废墟，并因此获得了一个绰号——废墟罗贝尔。在英国，跟他同时代的约瑟夫·甘迪因为画了一幅屋顶坍塌的英格兰银行的画面闻名一时。

大约70年之后，居斯塔夫·多雷为伦敦绘制了一幅21世纪的想象图，其情景有点类似于古罗马晚期的样子。画面上有一个新西兰人，与多雷同时代的人认为新西兰人代表着未来的人类，

于贝尔·罗贝尔:《卢浮宫大美术院的废墟想象图》,1796 年

他正在描摹教士街车站的废墟，就像英国人曾经跑到雅典或罗马去为帕台农神庙和罗马圆形大剧场做素描一样，而多雷在画这幅画的时候，教士街车站才刚刚建成，崭新异常。

18 世纪伊始，受相同情绪的影响，游客们四处游历，缅怀历史的废墟：特洛伊、科林斯、帕埃斯图姆、忒拜、迈锡尼、科诺索斯、巴尔米拉、巴尔贝克古城、佩特拉和庞培。德国人是构造合成词的大师，他们曾经为逃亡者和心灵独特者专门制造了一些词汇（Weltschmerz[1]、Schadenfreude[2] 和 Wanderlust[3]），他们现在又为了描绘对古老遗迹的感情而制造了一些新词：Ruinenempfindsamkeit[4]、Ruinensehnsucht[5]、Ruinenlust[6]。在 1787 年 3 月，歌德曾两次参观庞培。“历史上发生过众多的灾难事件，”歌德在那不勒斯写道，“但从来没有哪一个灾难事件能像庞培遗迹一样给后世诸多的享受。”“我在罗马圆形大剧场的遗迹中度过了多么美妙的早晨，我完全沉醉于巨大的废墟中了！”司汤达在他的《罗马漫步》（1829）里这样回忆道，他认为参观遗迹是“记忆所能摄取的最强烈的乐趣”。他甚至断言，罗马圆形大剧场的遗迹要比当初崭新时更加富有魅力。

---

1 德语，意为“悲天悯人”。

2 德语，意为“幸灾乐祸”。

3 德语，意为“漫游成癖”。

4 德语，意为“面对废墟发思古之幽情”。

5 德语，意为“憧憬废墟”。

6 德语，意为“爱墟成癖”。

约瑟夫·甘迪，《英格兰银行的圆形建筑的废墟图》，1798 年

“我是奥西曼德斯，众王之王／强悍者呵，谁能和我的业绩相比！”这是雪莱的诗《奥西曼德斯》（1818）中埃及拉美西斯二世法老雕塑基座上的铭文。但万能的上帝，甚至普通人，都无须为他的成就而绝望。拉美西斯二世法老的支离破碎的尸骨埋于地下：“在这巨大的荒墟四周／无边无际／只见一片荒凉而寂寥的平沙。”

我们总是牺牲自己宁静的心情而去追求那些转瞬即逝的世间的荣华富贵，而遗迹能够揭示出我们这些行为的愚蠢本质。当我们看到这些古老的石头之时，我们对自己成就的焦虑——以及缺乏成就的焦虑——会随之减弱。如果我们在他人眼中是个失败者，如果没有人为我们树碑立传，如果没有人为我们列队致意，如果在最近一次聚会中没有人对我们以笑脸相迎，这一切又有什么关系呢？任何事物注定都要消失，新西兰人总会在一定的时候来为我们居住的大街和工作的办公室留下的遗迹做素描。与永恒相比较，扰乱我们心神的那些东西显得多么微不足道啊。

遗迹能够让我们放弃辛苦劳作，放弃我们自以为是的完美感和成就感。遗迹提醒我们，我们永远不可能抗拒时间，我们只是自然破坏力的玩物，而我们只能暂时压制自然破坏力，不能真正地克服它。我们可能会享受一时的成功，我们可能会在短短几年内赋予混乱以秩序，但任何事物都终将退回到以前原初的状态。如果这种想法能使我们心情宁静，那是因为我们的绝大部分焦虑来自我们过高地估计了自己的目标和关注的重要性。由于我们对

右图：居斯塔夫·多雷：《新西兰人》，1871 年。

COMMERCIAL

下图：大卫·罗伯茨：《巴勒贝克古城全貌》，1842 年
左图：大卫·罗伯茨：《巴勒贝克古城的门廊》，1842 年

自己所做的事情评价过高，我们便因此受到惩罚，进而遭受理想的折磨。

基督教的伦理学家们长期以来都明白，要安抚焦虑者，最好的方式并不是像乐观的心态教我们的那样，告诉他一切事情都会好起来的——相反，我们应该告诉他一切事物最终都将变得非常糟糕：屋顶将会塌陷，银行将会变成废墟，我们将会死去，每一个我们所爱的人都将去世，我们所有的成就，甚至连同我们的名字都将深埋于地下。如果这样的想法能够安抚我们，那是因为在内心深处，我们本能地知道我们的痛苦与抱负之远大密切相关。如果从 1 000 年的角度来看待我们那些渺小的身份焦虑，我们将会非常难得地认识到自己的微不足道，从而获得心情的宁静。

7

宏大的自然景观与废墟一样，能够起到相同的减缓焦虑的作用，因为宏大的自然景观是无限空间的代表，就如同废墟是无限时间的代表一样，与无限的时间相比，我们虚弱的、短暂的生命与飞蛾或蜘蛛的生命一样微不足道。

不管人们之间存在着多大的差别，一旦我们把世界上最强大的人同荒原大漠、崇山峻岭、巨大的冰河以及世界的大洋相提并论，人与人之间的差别就会变得非常微弱，几于消失。它们都是自然现象，其所占的空间如此之大，很容易就可以使任何两个人之间的差异显得可笑地微弱。身处宏大的自然景观，我们会感受到在广阔无垠的宇宙中人类的渺小，我们的心情会随之宁静，我们在社会等级结构中感受到的人微言轻的感觉也会随风消散。

图 3

要想克服认为自己微不足道的自卑感，我们无须努力使自己变得更加重要，而是要认识到所有的人相对而言都是微不足道的。一旦面对那些比我们要大上千亿倍的东西时，我们对他人比我们高几毫米的关注（如图 3）就会随之消失，取而代之的是对这些巨大的东西的敬畏之情，我们往往称这种力量为无限、永恒——或很简单地，同时也最顶用地，称之为上帝（如图 4）。

图 4

8

对身份低下的焦虑进行治疗，最好的办法就是通过旅游——在现实中旅游或在艺术作品中旅游——去感受世界的广阔无垠。

弗雷德里克 · 埃德温 · 丘奇:《尼亚加拉大瀑布》, 1857 年

托马斯·莫兰，《怀俄明州的科罗拉多河上游，晚上在宿营地附近》，1882 年

阿尔贝特·比兹塔特,《西部风景》, 1869 年

集 体

1

根据现代世俗社会的一种很有影响力的观点，认为一个人最不体面的命运莫过于变得“同每一个其他的人相像”：因为“每一个其他的人”是包括平庸无能的人、墨守成规的人、无聊乏味的人以及土里土气的人在内的一类人的总称。任何一个思维正常的人的目标就是想方设法使自己区别于周围的人群，在他们能力许可的前提下使自己“脱颖而出”。

2

然而，根据基督教教义，与他人相似并非不幸，因为耶稣的核心主张是，所有的人，包括智障者、无能者和无名之辈都是上帝的创造物，他们都平等地得到上帝的爱——因此他们也应该得到上帝的每一件创造物应该得到的尊严。用圣彼得的话说，我们每个人都具备“神性”——这一思想彻底地颠覆了那些认为一些人天生平庸，而另一些人天生显赫的想法。在上帝之爱的范围之外别无人类，基督教如此认为，并把神的权威归结为相互尊重的理念。我们与他人共有的东西恰恰构成了我们身上最珍贵的东西。

基督教要求我们透过人们之间表面的差异，去关注那些被公认的普遍真理，建立在这些普遍真理之上的是集体感和亲情感。我们中有一些人可能很残酷，有些人可能很焦躁，有些人可能会很愚笨，还有些人可能会很无聊，但把我们拉在一起，并在我们之间建立起相互联系的纽带的是我们对自身的脆弱的共识。在我们的缺点背后，总有两个基本要素在起作用：恐惧和对爱的渴求。

为了鼓励人们之间的相互感情，耶稣力劝我们要像对待小孩那样对待成年人。一旦我们把他人想象成一个小孩，我们对他人品格的评价立刻就会产生 180 度的大转弯。从这个角度出发，我们能够更容易地对成年人表达同情和宽容，就像我们总是很自然地以同情和宽容的态度对待小孩，如我们总是说孩子很调皮，而不说他品质糟糕，我们说孩子很任性，而不说他很傲慢自大。要讨厌一个小孩很难，要讨厌一个正在熟睡的人同样很难。熟睡者紧闭的眼睛，放松而毫无防备的表情，都能让旁观的人产生关怀和爱护的心理——这种情形非常明显，我们在火车上或飞机上对身旁睡着的人长时间地盯着看也会因此而显得尴尬不已。他们的脸让我们立即产生亲近感，日常人际关系赖以为基础的后天形成的漠不关心也随之受到质疑。基督徒认为，世界上并没有陌生人这回事，只可能因为没有意识到他人和我们具有相同的需求和弱点从而对他人产生一种陌生的印象。从本质上来说，从真正重要的东西来说，我们同他人实际上并无二致，认识到这点才是一个最高贵的人生和最完整的个人的基础。

3

这种认为他人很可能既不是无法理解，也不是令人厌恶的想法，对我们身份的关注有极为深远的影响，因为我们想在社会上扬名立万的欲望，在很大程度上都来自作为一个普通人对所具有的种种不利因素的恐惧心理。我们越认为普通生活令人蒙羞、肤浅、低贱或丑陋，我们想要同他人区分开来的欲望就会越强烈。集体越堕落，个人成就的诱惑就越大。

基督教从一开始，就试图在理论和实践两个方面促进我们的集体归属感，其途径之一就是通过举行教堂活动的仪式和演奏教堂音乐——在这些情况下，众多互不相识的人感觉到对他人的猜疑因这种超验媒介的存在而减弱消退了。

我们可以设想这样一个情形：我们在一个大教堂里，周围是陌生的人群，我们来此地的目的是为了欣赏巴赫的《B小调弥撒曲》(所有时代、所有民族的最伟大的音乐作品。——汉斯-格奥尔格·内格里，1817)。世间有各种各样的东西能够把我们彼此区分开来，如年龄、收入、着装和家庭背景。我们可能从来没有相互交谈过，我们可能很小心地不让别人发现我们注视他们的目光。然而一旦《弥撒曲》开始演奏，一种社会融合的过程也就随之开始了。这首音乐表达了那些我们一直认为不成熟和隐私的感情，作曲家和音乐家把我们心灵的活动变成声音，从而为我们和他人去感觉体会，在欣赏这首曲子时，我们因为对内心感情的释放和对作曲家和音乐家的感激而热泪盈眶。小提琴、合唱团、长笛、低音提琴、双簧管、巴松管和小号共同演奏，把我们灵魂深处最隐秘、最模糊的东西以声音的方式表达出来。而且，由于音乐演奏是面向大众的，我们可以意识到，既然他人对音乐做出与我们一样的反应，那么他们就不可能是我们以前所想象的那样不可理喻的人物。他们具有与我们一样的感情，他们也为同样的一些东西所感动。因此，尽管我们在外部形象和行为方式上有天壤之别，我们却拥有一个共同的核心，在此核心之上可以建立起真挚的联系，其意义远远超过了演奏《弥撒曲》本身的价值。在开始的时候，一群陌生人从外表看来非常生疏，但随着时间的流逝，借助合唱音乐的力量，相互间就会明显产生朋友的亲近感；我们卸下冷冰冰外表的伪装，与我们身边的人共同分享音乐带给我们的消遣，即便这段时间非常短暂，也不乏其价值。

4

当然了，我们对他人的看法很少像在教堂里对他人的看法那样美好。公共场所往往更加腐朽和可怕，使我们产生在物质和精神上独立于它的冲动。

就有这样一些国家，由于住房、交通、教育和医疗等方面的公众条件过于糟糕，人们自然而然地躲避与公众打交道，而把自己关闭在厚厚的墙壁后面。如果做一个普通人就意味着过一种连一般的尊严和舒适的需求都无法满足的生活，那么对上层身份的欲望则会变得异常强烈。

然而也有另外一些地方，在数量上要少得多，它们中的大多数有强大的（经常是新教的）基督教传统，这些地方的公共场所因为其规则和建筑渗透出一种尊严，因此在这些地方想要遁入私人空间的需求并不强烈。当一个城市的公共空间和公共设施本身看起来无比辉煌，民众想要获得个人辉煌的欲望就会有所减少。只要能做一个普通老百姓就会觉得命运相当不错了。在瑞士最大的城市里，想拥有一辆私车，从而避免同陌生人共乘一辆公共汽

车或火车的欲望没有在洛杉矶或伦敦那么强烈，这是因为苏黎世拥有世界顶尖级的有轨电车交通网——干净、安全、暖和，而且在准时和技术先进方面给人留下深刻的印象。既然仅仅用几个法郎就可以乘坐高效而华贵的电车穿越城市，而且其舒适程度令以前的皇帝看了都要眼红，那么还有什么必要独自开车上路呢？

我们可以从基督教中获得某种洞察力，并将其用于社会伦理中：只要我们认识到每一个人都有其可贵的价值，而且，更为重要的是，只要我们对各种社会环境和社会行为模式做好心理准备，洞察其人为的特征，那么对普通人的观点将会去掉更加负面的含义，从而相应地，追求成功的欲望和想独自躲在坚实的墙壁后面的欲望将会减弱——当然，这对所有人的心理健康不无益处。

在一个理想的基督教社会里，人们对自己不是获胜者的恐惧将会因为尊严和资源的最根本的平等而减弱，进而易于控制。成功意味着兴旺发达，而失败意味着衰退消亡的二分法，也会随之丧失其令人痛苦的清晰度。

两座城市：上帝之城和世俗之城

1

基督教的一个核心精神可以追溯到耶稣的职业选择上。作为加利利地区的木匠所从事的行当是半技术活，是个并不可靠而且很难赚钱的职业。但就是做木匠的耶稣，用圣彼得的话说，同时也是“在上帝的右边”，是上帝之子、万王之王，是上帝派来拯救我们于罪孽的人。一个人可以在他身上兼具两种迥异的身份，可以同时是一个走乡串户的商贩和一个最圣洁的人，这一思想构成了基督教身份理论的基础。根据这种解释，每一个人都同时拥有两个毫不相干的身份：世俗的身份，取决于一个人的职业、收入和他人对他的评价；以及灵魂的身份，取决于一个人灵魂的素质以及在审判日上帝眼中一个人的功过。一个人可以在世俗领域中地位显赫、受人景仰，而在灵魂领域中贫瘠堕落。或者如同《路加福音》中的生疮的讨饭的拉撒路一样，一个人可以是衣不蔽体，但却闪烁着神性的光辉。

在《上帝之城》(427)一书中，圣奥古斯丁认为人的一切行为都可以通过两种模式进行解释，基督教模式和罗马模式。罗马人所极为看重的东西——积累财富、大兴土木、百战百胜——在基督教的框架之下变得毫无价值，而一套全新的关注——爱自己的邻人、行为谦恭、乐善好施，以及认识到自己的一切受上帝的控制——提供了获得基督教上层身份的途径。奥古斯丁把他所区分的这两种价值体系分别命名为两个城市，即上帝之城和世俗之城。他认为这两个城市(在审判日之前)同时存在，但相互分开：一个人在世俗之城中可以贵为国王，但同时在上帝之城中可以贱为仆人。

但丁进一步充实了奥古斯丁的思想，他详细地描述了基督教等级思想的最终体现：天堂与地狱。在《神曲》(1315)中，他

居斯塔夫·多雷:《凶残的人在火雨中煎熬》, 1861 年

居斯塔夫·多雷:《被巨蛇折磨的窃贼》, 1861 年

所描写的地狱至少包括9层（由17个分开的区域组成），每层地狱都是为犯了某种罪孽的人准备的。同时，他描写的天堂也有10重，每一重都是为具备某种美德的人准备的。宗教的等级制度似乎是世俗等级制度的歪曲和颠倒。地狱是好多曾经辉煌一时的人的最终归宿：将军、作家、诗人、皇帝、主教、教皇和商人——到了此时，他们因为触犯了上帝的戒律而被剥夺了特权，被投入地狱忍受极端痛苦的折磨。在第9层地狱的第4区，但丁听见一些人凄厉的叫声，他们在人间的时候权势熏人，但狡诈阴毒，现在被三头巨怪琉西斐慢慢吞噬。在第7层地狱的第1区里，诗人来到一条河流旁边，河里满是沸腾的血液，亚历山大大帝和匈奴王阿提拉在河里拼命挣扎，而在河岸上有一群人面马身怪物朝他们头顶射箭，强迫他们钻入令人作呕的泡沫中。在第5层地狱的是一些在生前身居要位、脾气暴烈之人，他们的怒火曾经使他人丧命，现今被投进一个稀乎乎的、臭气熏天的粪池里，被粪泥呛得难以呼吸。在第3层地狱里的则是那些生前饕餮之人，他们在地狱里不得不忍受着大便从天上像下雨一样落在他们的身上。

人们在天上和世俗里身份之间存在的巨大差异，有助于虔诚之人摆脱单方面的、令人压抑的对成功的理解。基督教并没有废除等级，它的功绩是用伦理和非物质的方式重新定义等级——强调贫困能够与美德共存，低贱的职业能够同高贵的灵魂同在："一个人的价值不在于他拥有财物的多寡，"圣路加，这位加利利的不名一文的木匠的追随者如是说。

2

基督教并不是简单地宣称灵魂的成就远胜于物质的成就，基督教同时还赋予它所重视的价值庄严和美丽，使我们为之吸引——它达到此一目的的途径之一就是对绘画、文学、音乐和建筑的雍容高雅的使用。它利用艺术作品为美德提供辩解，使之在统治者和他们民众的心目中成为生命中最重要的东西，而这种重要程度是前所未有的。

历史上最优秀的石匠、诗人、音乐家和画家，曾经一度被召来赞美皇帝的荣耀和针对野蛮部族的血腥胜利，而基督教在数个世纪以来一直利用他们来赞美一些诸如乐善好施和尊重穷人的美德。当然，在基督教时代，世俗价值的荣耀并未消失——有各种各样的地方都在提醒这个世界关于金钱或地产或权力的无穷魅力——但是，在好多地区，至少在一段时间里，视野所及的最宏伟的建筑所颂扬的是穷人的高贵，而非皇室或政府的权势，并且最感人至深的音乐咏唱的不是个人的成就，而是上帝之子所受的折磨，他曾经：

被藐视，被人厌弃，
多受痛苦，常经忧患。

——《以赛亚书》第53章第3—5节；G·F·亨德尔：《弥赛亚》(1741)

通过利用手中掌握的审美资源、建筑、绘画和弥撒曲，基督教建立了一个强大的防御阵地，用来抵抗世俗价值的权势，从而使得对灵魂的关注成为首先进入心田和视野的东西。

在大约1130年至1530年之间的400年时间里，100多个大教堂在欧洲的大城小镇相继被建成，它们的尖顶成为半空中最主要的景致，它们高高耸立在粮仓、王宫、办公室、工厂和民房之上。它们气势宏伟，其他任何建筑都无法与之相比；它们提供了一个环境，三教九流之人都会在这里相聚，来思考诸如忧伤与天真、谦和与怜悯的价值，从建筑史的角度来说这是极为不寻常的。城市其他建筑的目的是为了满足人们世俗的需要——遮蔽身体、提供食物、帮助休息，为了实现此一目的，这些建筑往往会借助于机器和工具——大教堂的目的则全然不同，它是为了荡涤人们心头的凡尘俗垢，引领他人去信仰上帝，去感受上帝之爱。因世俗事务而奔波操劳的居住在城市的人们，在一天的忙碌中，只要一抬头就可以看见这些耸立在天空中的巨大建筑，他们就会在心中产生对生命不同寻常的理解，而这种理解是对日常追求的价值的否定。法国沙特尔大教堂的尖顶高达105米，同34层的摩天大楼一般高，就像这样的大教堂被认为是穷人之家，被认为是他们将在来世享受的美妙事物的象征。不管他们现实生活中居住的房子有多么破旧不堪，这些大教堂都是他们心灵的住所。大教堂之美反映了人们的内在价值；教堂窗户上彩绘玻璃和屋顶向人们解说着耶稣的荣光。

3

当然，基督教从来没有成功地废除世俗之城及其价值观，但如果我们依然能够把财富和美德两者截然分开，依然能够关注一个人的美德，而不是他的社会地位，那么这其中的部分原因是一门宗教在西方人心中留下了印象。在几个世纪以来，这门宗教利用手中的资源和名望锲而不舍地在维护一些不同寻常的道理，这些道理告诉我们应该如何正确理解人们的身份。正是那些为基督教服务的艺术家和工匠们的聪明才智使他们的宗教的价值具有了持久的形式，他们通过对石头、玻璃、声音、语言和图像进行处理，把基督教的价值观变得真实可感。

在现今世界里，世俗建筑在持续不断向我们讲述世俗权势的重要性，但即使在这样一个世界里，在大城小镇的上空耸立的大教堂一直在给我们提供一个关于精神第一的想象空间。

HSBC

第五章　波希米亚

1

19 世纪初期，有一群特立独行的人在西欧和美国开始引人注目。他们衣着朴素，生活在比较便宜的城区里；他们博览群书，好像并不在乎金钱；他们中的多数人性情忧郁；他们投身于艺术和感情，而非商业和物质上的收益；他们有时候在性生活方面不符合传统规则；他们中的有些女士留着短发，而此时短发尚未成为时尚——人们称他们为“波希米亚人”。这个词一直被用来指那些吉普赛人，因为人们错误地以为吉普赛人来自中欧。但在这时候，特别是在亨利·米尔热写了一本记录巴黎阁楼和咖啡馆生活的畅销书《波希米亚人生活札记》（1851）之后，人们用波希米亚人来指一批在某些方面并不符合资产阶级的体面原则的人。

从其诞生之日起，波希米亚便指一个很宽泛的人群。早期的作家认为，波希米亚人可以出现在任何社会阶层、任何年龄阶段和任何职业门类中：波希米亚人可以是男人，也可以是女人；可以是富人，也可以是穷人；可以是诗人、律师和科学家，也可以是无业人士。阿瑟·兰塞姆在《伦敦的波希米亚》（1907）一书中写道：“波希米亚可以无处不在：它不是一个地方，而是一种心灵态度。”波希米亚人曾经出现在剑桥、马萨诸塞州和威尼斯海

李·米勒:《草地上的聚餐》, 1937 年。一伙超现实主义朋友在法国穆兰的一次野餐会。
左边的是努施和保罗·艾吕阿。右边从底下起依次是阿迪·菲德兰, 曼·雷和罗朗·彭罗斯。

滩、加利福尼亚；有些波希米亚人和仆人或其他人生活在静谧湖畔的棚屋里；有些波希米亚人则是吉他手和生物学家；有些波希米亚人在外部表现上循规蹈矩，但有些波希米亚人则喜欢光着身子沐浴在月光中。我们可以用波希米亚一词来指在过去200年间一大批不同的艺术现象和社会现象，从浪漫主义到超现实主义，从垮掉的一代到翩客青年，从情境主义者到以色列基布兹成员，不管用这一词语指哪种人，它都没有丢失把一些重要的东西联结在一起的那条脉络。

在1929年的伦敦，波希米亚诗人布赖恩·霍华德邀请他的朋友前来赴宴，他在请柬上打印着他喜欢的东西和讨厌的东西的清单——虽然这张清单带着明显的20世纪初期英国的烙印，但它依然能够向我们揭示波希米亚人在历史上所体现出的一些基本倾向：

布赖恩·霍华德和他的波希米亚朋友所反感的东西可以更加简明扼要地用一个词来概括：资产阶级。1815年拿破仑败北之后，在法国同一时期发展起来的波希米亚人表达了他们对资产阶级所代表的几乎所有东西的极端唾弃，并对他们自己能够对资产阶级口诛笔伐充满了自豪。

“对资产阶级的讨厌是智慧的开始。”居斯塔夫·福楼拜写道，这句话是一个19世纪法国作家的标准言辞，对他而言，这种反感就如同与一个女演员有染和去东方旅游一样，都是作家职业的标志。福楼拜谴责资产阶级过分的繁文缛节和物质至上主义，

我所讨厌的	我所喜欢的
淑女和绅士	男人和女人
私立寄宿学校	尼采
初进社交界的人	毕加索
对血腥运动施虐性的痴迷者	考考施卡[1]
“钻石王老五”	爵士乐
传教士	杂技演员
那些成天担心因自己“名声不佳”而不能受到达官要人赏识的人	地中海
在一些神气活现但愚钝不堪的乡村家庭举行的无聊透顶的晚会上碰到的年轻人。	D·H·劳伦斯[2]
	哈夫洛克·埃利斯[3]
	那些知道自己没有不朽的灵魂，也不期待任何破烂大聚会或其他一切玩意的人，从而也不期待一在死后羽化成仙

他还批评他们不但愤世嫉俗，而且多愁善感，他们喜欢专心致志地干一些琐碎无聊的事情，比方说，他们可以花1个世纪去讨论西瓜到底是蔬菜还是水果，是应该在饭前作开胃菜（法国方式），还是应该作饭后甜点（英国方式）。司汤达对资产阶级也同样地不

1 Oskar Kokoschka(1886—1980)：奥地利画家、作家，著名的表现主义艺术家。他的风景画，以激动流畅的线条和鲜明表现力的色彩，表现出有别于印象派的注重景物内在情调的追求。同时，他写了一批剧作，宣告新的表现主义戏剧的来临。——译者

2 D.H.Lawrence(1885—1930)：英国短篇小说家、诗人、散文家，20世纪英国最重要和最有争议的小说家之一。主要小说有《儿子和情人》（1913）、《恋爱中的女人》（1920）、《查太莱夫人的情人》（1928）。——译者

3 Havelock Ellis(1859—1939)：英国散文家、医生。曾研究人类的性行为，并对维多利亚时期禁止公开讨论这一课题的做法提出挑战。——译者

喜欢，他说："真正的资产阶级关于人和生活的谈话，只不过是一堆丑陋的鸡毛蒜皮的事情，一旦我不得不听他们的谈话，不管时间长短，都会使我肝火上升。"

但从本质上把波希米亚人同资产阶级区分开来的并非话题的选择或食用西瓜方式的选择，而是对一个问题的回答：什么样的人才配得上享受上层身份，其理由是什么。波希米亚人不管住在大庄园里，还是在阁楼上，他们从一开始就反对 19 世纪初期产生的经济的、精英主义的身份体系。

2

争端主要发生在两种生活态度之间，其中一方是对世俗成就的极端重视，而另外一方则是对体悟感知的极端重视。资产阶级根据商业上的成功和公众声誉来决定一个人的社会身份，而对波希米亚人来说，压倒一切的头等大事，是能够体悟世界，能够以观察者或创作者的身份专注于感情的宝库：艺术。而艺术对波希米亚人的重要性也超过了支付豪华住宅和服装的能力。那些为波希米亚的价值观献身的人物，牺牲了稳定的工作所能提供的保障和社会能够给予他们的尊重，其目的就是为了写作、绘画、谱曲，或游历世界，或为朋友和家庭奉献自己的一切。波希米亚人坚称，即使他们缺乏外表的体面，他们依然因为奉献精神，而应该享有最高的荣誉，因为他们具备良好的伦理意识以及感悟世界和表达思想的能力。

准备为自己不切实际的信念而受苦甚或挨饿的波希米亚人为数不少。19 世纪的一些绘画作品中，波希米亚人往往在公寓楼脏兮兮的阁楼上慵懒地坐在椅子里。他们看起来瘦弱憔悴、疲倦不堪。他们的眼睛里可能流露出一种悠远的神情，他们的书架上往往放着一个人的头骨。他们的表情能够让工厂的工头或公司的经理大吃一惊——他们的表情就足以说明他们丝毫没有为肤浅的、实用性的追求所困扰，而他们一直谴责资产阶级不遗余力地争取这些追求。

导致这种困顿状态的原因是他们觉得从事一项自己所看不起的职业是一件可怕的事情。夏尔·波德莱尔宣称，除了诗人的职业和——更加不可信地——“战士”的职业之外，世间的任何工作都是破坏心灵的职业。马塞尔·杜尚在 1915 年参观纽约的时候，把格林威治村描绘成“一个真正的波希米亚”，因为他认为这个地方“充满了无所事事之人”。在半个世纪之后，杰克·凯鲁亚克在西海岸的一家钢琴酒吧里面对着一群观众作演讲，他极力反对“那些跑通勤的人，他们的领口紧紧地打着领带，被迫每天凌晨在米尔布雷或圣卡洛斯赶 5∶48 的火车，去旧金山上班”，他话锋一转，又极力称赞那些灵魂自由的人、流浪者、诗人、垮掉的一代和一些艺术家，他们睡得很晚，烧掉了工作服，就是为了能够成为“大路之子，观看运货列车隆隆驶过，体验天地之大以及感受古老美洲的重量”。

以前认为是泰奥多尔·席里柯所画，目前不清楚画的作者，《画室里艺术家的画像》，约1820年

居斯塔夫·库尔贝：画家自画像《抽烟斗的人》，约 1848—1849 年

尽管波希米亚人没有直接说明在过一种强烈的心灵生活和成功地开办一家律师事务所或一个工厂之间存在着不兼容性，但多数波希米亚人都暗示，这两者在实际生活中不可兼得。在《论关爱》（1822）的前言中，司汤达解释说，他曾经试图为广大的读者清楚明了地写作，但他没有能力“让聋子听见，让瞎子看见”。“因此那些追求粗鄙目标的有钱人，那些每年在翻开一本书之前已经挣了10万法郎的人，他们最好立刻把书合上，特别是那些银行家、制造商或受人尊敬的工业家……那些精力充沛、工作努力、品格优秀、受人尊敬、生活积极的枢密顾问官、纺织品制造商或聪明的银行家在物质财富中获取报酬，而不是在温柔的感情中获取报酬。日积月累，这些绅士们的心肠逐渐变硬了。任何一个在每个周末给2 000工人分发工资的人从来不会像这样浪费时间；他们的关注点永远都在那些有用而且积极的东西上面。”司汤达认为最喜欢他的书的人是那些生活懒散、喜欢做白日梦、期待在听莫扎特的歌剧时能够被激发感情，以及在熙熙攘攘的大街上瞥到一张漂亮的脸庞之后便陷入长达几个小时苦乐参半的思绪的人。

那种认为金钱和实用性的职业能够破坏一个人的灵魂，或用司汤达的话说，能够破坏一个人产生“温柔的感情”的能力的论调在波希米亚的历史上反复出现。比方说，在司汤达之后140年，我们就可以非常清晰地在查尔斯·布科夫斯基的《小贩、尼姑、杂货店伙计和你》（1965）一诗中听到这一声音，这首诗让我们对富商的生活进行思考：

气喘吁吁，步履匆匆，他们
好似青蛙，酷似鬣狗，他们的步伐
好像表明在世间尚无音乐问世，他们
认为雇佣、解雇、赚钱体现睿智和聪明，他们
有昂贵的妻子，就像拥有
六十英亩土地一样可以用来耕种，
或在人前炫耀，或用围墙圈起来，
来防止没有能力的人……
……他们站在六十英尺宽的窗户前面，
但看不见任何东西，
他们的豪华游艇可以驶向
全世界，但永远驶不出他们的
背心口袋，他们像蜗牛，他们像鳗鱼，他们
像鼻涕虫，但他们没有它们好。

金钱在波希米亚的价值体系中并不能赋予一个人荣誉，财富亦然。在波希米亚人看来，游艇和庄园仅仅是傲慢与享乐的标志。波希米亚人的身份可以通过富有灵感的谈话方式或创作一部充满才气、感情真挚的诗集而获得。

1845 年 7 月，一位美国 19 世纪最著名的波希米亚人，亨利·梭罗，在马萨诸塞州康科德城郊的瓦尔登湖北岸自己动手修建了一间木屋，并搬入其中居住。他的目标就是要检验他是否能

够过一种外表简单而内心丰富的生活，从而用行动向资产阶级表明，一个人可以把物质生活的贫乏与精神生活的充实结合起来。为了证明一旦一个人不再为他人的评价所困扰时，他将会以非常少的花销而生活这一观点，梭罗向读者介绍了他是如何在修建木屋时节省开支的：

木板	$8.03	多为棚屋木板
废弃的屋顶木板和壁板	4.00	
木板条	1.25	
两个二手玻璃窗	2.43	
1 000 块旧砖头	4.00	
两桶石灰	2.40	价钱很高
头发	0.31	比我需要的要多
铁壁炉架	0.15	
钉子	3.90	
合页与螺丝钉	0.14	
门插销	0.10	
粉笔	0.01	
交通费用	1.40	我主要靠自己背
总计	$28.12	

“绝大多数的奢侈品，以及很多所谓的生活便利设施，不仅不是必不可少，而且还是人类高尚情操的真正阻碍，”梭罗写道，为了颠覆他所处的社会在拥有财富同值得尊敬之间建立的必然联系，他还说，“一个人的富有程度是与他生活中不需要的东西的多少成正比的。”

梭罗试图让我们重新认识没有钱对一个人意味着什么。它并

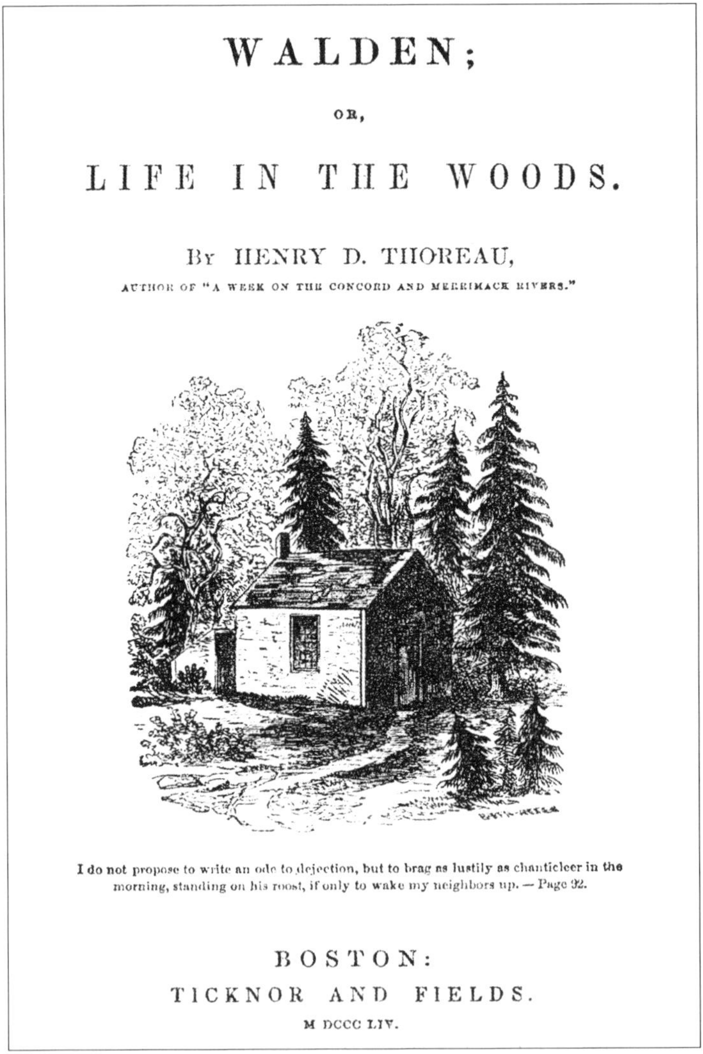
WALDEN;

OR,

LIFE IN THE WOODS.

BY HENRY D. THOREAU,

AUTHOR OF "A WEEK ON THE CONCORD AND MERRIMACK RIVERS."

I do not propose to write an ode to dejection, but to brag as lustily as chanticleer in the morning, standing on his roost, if only to wake my neighbors up. — Page 92.

BOSTON:

TICKNOR AND FIELDS.

M DCCC LIV.

亨利·梭罗的《瓦尔登湖》第一版的扉页，1854年不是像资产阶级的世界观所巧妙暗示的那样，是在人生的游戏中失败的证据。一个人没有钱可能仅仅意味着他自愿选择把精力投入到别的事情上面，而不是投入到商业领域，在这个过程中他在别的方面变得富有，而不是在金钱方面。梭罗没有用贫困来形容他的境况，他喜欢用“简单”一词——他认为“简单”表明了一种自愿选择的生活方式，而不是被迫接受的物质状况。他提醒波士顿的商人们，那些伟大的“中国、印度、波斯和希腊的哲学家们”都曾经自愿地选择一种简单的生活。梭罗在瓦尔登湖住了一段时间之后，给美国蓬勃发展的工业化社会传达了某种思想，而这种思想的核心其实对他生前生后几乎所有的波希米亚人来说，都是非常熟悉的。正如他所说：“金钱并不能购买灵魂的必需品。”

3

波希米亚人认为，我们在与主流文化相抵触的生活方式中维持信心的能力，在很大程度上依赖于我们在贴身的小环境中起作用的价值体系，依赖于我们所交往的人的种类、我们所阅读的书籍和我们所听到的话。

他们意识到，我们平静的心情会很容易被击得粉碎，我们在生活中为之奉献的事情会轻易地受到质疑，例如，我们与一个熟人进行几分钟的闲聊，只要他或她认为，甚至都不必明说，金钱和社会评价最终还是很有价值的；或阅读一本杂志，而这本杂志

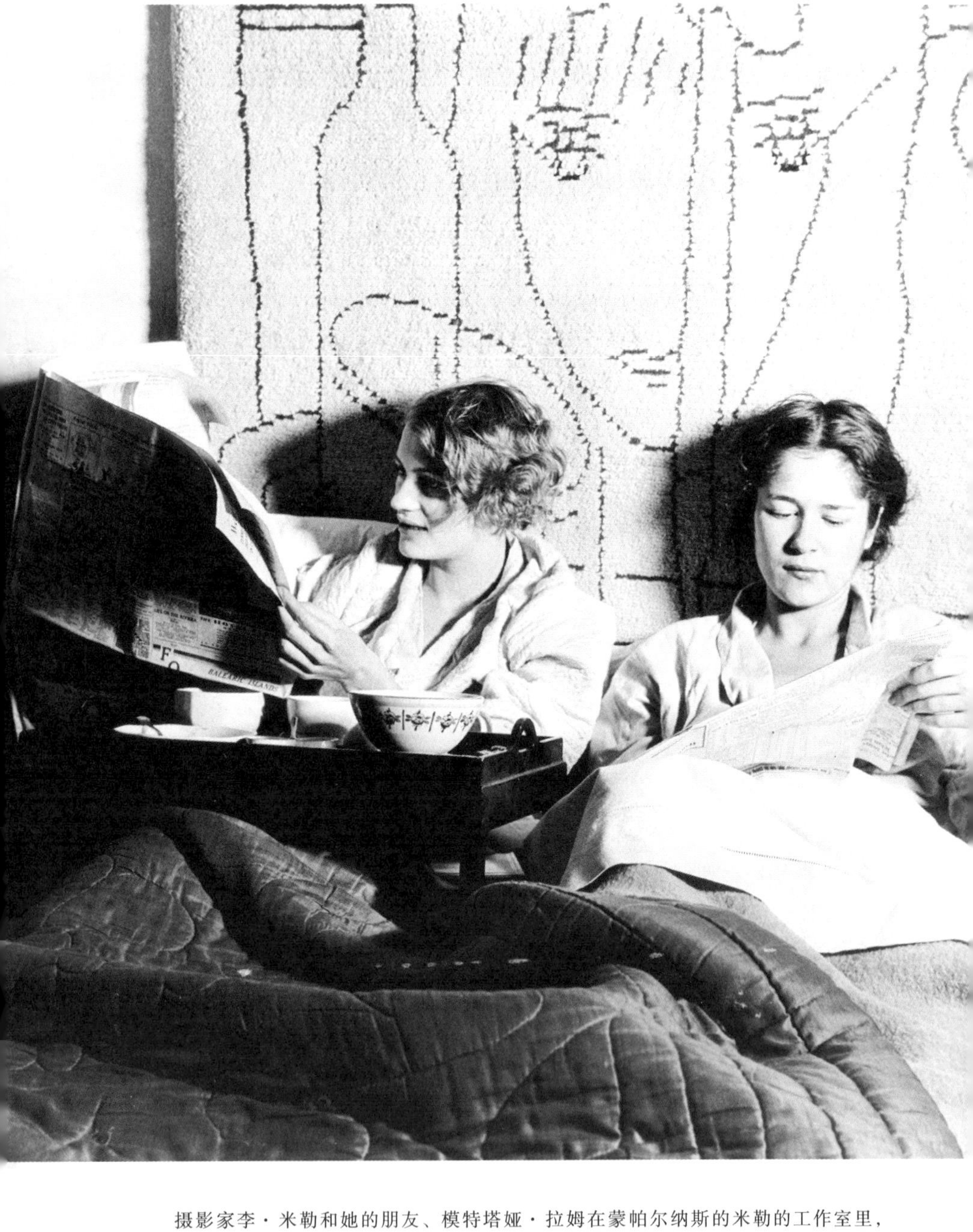

摄影家李·米勒和她的朋友、模特塔娅·拉姆在蒙帕尔纳斯的米勒的工作室里，巴黎，1931 年

只讲述资产阶级的英雄们是如何取得非凡成就的，就在不知不觉中破坏了与之不同的生活目标的价值。在这两种情形下，我们都会很容易地受到伤害。

波希米亚人因此在选择交往对象方面特别注意。一些人，例如梭罗，完全逃离了社会的不良影响，而另外一些人则坚持不懈地选择性情相投的人组成一个交往的小圈子，而拒绝接受那种自然而然地落在我们头上的生活方式，这种生活方式是我们在学校、家庭和工厂与那些生活在一起的人交往时很容易感受到的。

在世界上的好多大城市里，波希米亚人聚集在一些特定的地区，来确保与他们每天交往的人都是一些真正的朋友，而不是满脑子装着社会地位的人。波希米亚的历史上点缀着一些因他们的友谊而闻名于世的地名：蒙帕尔纳斯、布卢姆斯伯里区、切尔西、格林威治村以及威尼斯海滩。

4

波希米亚人还会小心翼翼地重新界定失败一词的涵义。根据资产阶级意识形态，一个人在商业领域或艺术领域遭受的经济方面的失败或他人评价方面的失败，都可以作为证明他人品不佳的重要证据，因为资产阶级意识形态认为社会在分配奖励或惩罚方面是相当公平的。

然而波希米亚人拒绝接受这种对外在失败的惩罚性解释，因

亨利·沃里斯：《查特顿之死》，1855—1856 年

为他们认为，这个世界往往被白痴和偏见所控制。他们推理说，根据人性来判断，社会上最成功人士很少是那些最聪明或最善良的人们，而是那些最成功地迎合了听众的价值观念的人，而这些价值观念往往弊端百出。波希米亚人认为，商业上的得失成败仅仅能够表明一个人获取商业成功的能力，而不能据此对一个人道德上的和想象力方面的缺陷做出惩罚性的判断。

这种观点可以解释为什么19世纪众多的波希米亚人赋予一些政治领域和艺术领域的人莫大的关注和尊敬，而用资产阶级的价值标准来判断，这些人的生活只能被描述为极为失败。这些人当中最有名的要数二流的英国诗人托马斯·查特顿，他因为贫困和资助人的拒稿而身心疲惫，在1770年自杀身亡，年仅18岁。阿尔弗雷德·德·维尼的剧作《查特顿》于1835年首次在巴黎上演，他把这位年轻的诗人变成了波希米亚人所珍视的所有价值的代言人。这出戏剧赞美个人灵感，贬抑社会传统；赞美人们之间的友好，贬抑经济上的利益；赞美激情与疯狂，贬抑理性与功利主义。德·维尼认为这位满腹才华、敏感脆弱的诗人几乎注定要被资产阶级公众的残酷逼上绝路，直至自杀。

这位被世人曲解的圈外人物，尽管遭到社会的排斥，但依然胜过那些圈内人物，这种思想反映了，同时也塑造了许多波希米亚的杰出人物的生活。热拉尔·德·奈瓦尔是一位诗人，比查特顿富有才气，但并不比查特顿更幸运，他于1855年在穷困潦倒和精神失常中上吊自杀，时年47岁。德·奈瓦尔认为他们那一代敏感的同一类人，因为其天赋和性情而无法适应资产阶级的世界，他这样对他们进行了总结："野心并非我们所有……追求名利的贪婪的人们使我们远离了政治活动的圈子。对我们而言，只剩下诗歌的象牙塔，登临其间，我们就可以远离世俗大众。只有处在这样的高处，我们最终才能呼吸孤独的纯净空气；我们才能端起传说中的金杯痛饮遗忘；我们才能因诗歌和爱而酩酊大醉。"

当埃德加·爱伦·坡[1]于1849年以仅仅37岁的年龄去世时，他同样成为波希米亚历史上的一位高贵的失败者。在一篇论述他的生平和作品的文章中，夏尔·波德莱尔写道，爱伦·坡的命运是被迫生活在野蛮人中间的富有天赋的人的典型的命运。波德莱尔谴责像美国那样的民主社会中的公众舆论，他警告说，一个人别想从它那儿得到任何慈悲之心和宽容之心。他写道，的的确确，诗人们"不能指望自己能够适应社会，不管这个社会是民主社会还是贵族社会，也不管这个社会是共和社会还是绝对的君主制社会……他们都是一些杰出的不幸者，[他们]一出生就注定了要遭受天才在平庸的人群中所要受到的残酷的待遇。"

波德莱尔从爱伦·坡的生平中所获得的教益其实是这位法国诗人在他的作品中反复表达的主题，我们可以从他的那只著名的水鸟忧郁的飞翔中找到这一主题最清晰的表达：

1 Edgar Allan Poe (1809—1849)：美国诗人、评论家和短篇小说家。——译者

信天翁

为了消遣，水手们经常
抓一些信天翁，这些体型庞大的水鸟
总是不动声色地伴随着船只
穿越痛苦的海峡。

一被放到甲板上，
这些天空的君主们便显得笨重不堪、自惭形秽，
他们可怜地把巨大的白色翅膀
拖在身体两侧，就像一对从船上卸下来的桨。

这些长着翅膀的行路人变得多么笨拙，多么虚弱！
多么虚弱和笨重，甚至可笑。
而他就在刚才还是如此轻盈灵巧！
一个甲板上的水手拿着一块烙铁拨动他的喙来戏弄他，
另一个水手则跛着脚，模仿这位刚才还在翱翔的跛脚人！

诗人就像这位云中的君主一样，
在弓箭手的射程之外乘着风雨飞翔；
一旦放逐于陆上，就会遭人呵斥，受人白眼，
他不能走路是因为他长着一对庞大的翅膀。

通过赋予这些被社会排斥的人以尊严和高贵，波希米亚把他们描述为受到逐放和被钉在十字架上的耶稣在世俗社会中相应的形象。如同基督教的朝圣者一样，这位波希米亚诗人会受到缺乏领悟能力的普通大众的折磨，但如同基督教的故事所表明的那样，被人忽略本身就意味着被忽略一方的优越性。一个人没有得到他人的理解，表明在他身上有好多东西尚需理解。诗人不能走路，是因为他长着一对庞大的翅膀。

5

波希米亚人贬低群体和群体的传统，而强调个人以及个人脱离传统的激情。“不再有任何规则，”维克托·雨果在《爱尔那尼》（1830）一书的前言中喊道，“因为让天才放弃个体的创造性，就如同让上帝变成仆人。”

相似的战斗口号在拉尔夫·沃尔多·爱默生的《论自助》（1840）中回响：“要想成为一个真正的人，就必须是一个不墨守成规的人。”老是想要符合他人关于如何生活、如何穿衣、如何吃饭或如何写作的要求，久而久之，你就会具有一种“像蠢驴似的神情”。任何一个高贵的人的生活都应该遵守这样一条原则：“我要做的事是我自己关注的事情，而不是他人认为我应该干的事情。”“我希望现在我们是最后一次听到服从与一致之类的字眼，”爱默生总结道，“让这些字眼出现在大报小报上时，人们发现它们非常滑稽可笑……让我们永远都无须卑躬屈膝、连声道歉……让我们直面并谴责当下的那种波澜不惊的平庸生活和那种令人厌恶的自鸣得意。”

雨果和爱默生要求人们与传统决裂的呼声遇到了一个知音。1850年，热拉尔·德·奈瓦尔与关于何种动物可以养为宠物的社会观念彻底决裂，他养了一只龙虾，他每天用一条蓝色的带子牵着它在卢森堡公园四处溜达。“为什么牵着龙虾散步就比牵着狗或其他任何动物散步都要荒唐可笑呢？”他质问道。“我喜欢龙虾。它们是一些安静、严肃的动物。它们知道海洋的秘密，但它们不会到处乱吠，也不会像狗一样咬你的生产单细胞物质的私处。歌德讨厌狗，他是对的。”

要想成为一个伟大的、富有原创精神的艺术家，就是要让资产阶级吃惊，或更好一点，就是要让资产阶级生气。在完成他的小说《萨朗宝》(1862)之后，福楼拜声称自己写这本书的目的在于“(1)让资产阶级生气，(2)让敏感的人不安和吃惊，(3)让考古学家冒火，(4)让女士们摸不着头脑，以及(5)为我赢得一个鸡奸者和食人者的名声”。

在19世纪50年代，一群波希米亚学生在巴黎组织了一个俱乐部，其宗旨是“让法官和药剂师大光其火”。他们发现了一个实现目的的最有效的方法，他们把自己这个群体称为“自杀者俱乐部”，并且发表了一个宣言，宣言声称，所有成员必须在30岁之前——或在头顶变秃之前，这要取决于哪一个时间提前来临——自己结果自己的生命。虽然据称这些成员中只有一个人自杀，但这个俱乐部还是相当成功，因为一个愤怒的政治家在下议院作了一个演讲，称这个俱乐部是一个“不道德、非法的怪胎”。

波希米亚的历史上点缀着试图惹恼有名望阶层的行为。1917年的纽约，一群艺术家决定脱离资产阶级生活，创建一个“自由、独立的格林威治村共和国”，这个共和国将以全副身心投入到艺术、爱、美和香烟中去。为了标志这一独立国家的诞生，这一群人爬到华盛顿广场的拱顶上，痛饮威士忌，发射玩具枪，宣读独立宣言，宣言只包括一个单词“如此等等”，宣读时要快速连续地重复这同一个词。多年以后回忆这一幕时，这个新生共和国（到天亮前就结束了生命）的一个成员说：“我们是激进派，只要是在中西部地区被视为禁忌的任何事情，我们都热衷于去做。”

但对波希米亚人来说极为不幸的是，他们让资产阶级震惊的次数越多，资产阶级感受震惊的意愿和能力反而越弱——这种情形逼迫波希米亚人上演一些越来越极端的滑稽行为，这一点可以在20世纪波希米亚运动中得到很好的证明。

“聪明人已经成为普遍现象，”达达主义的创建者，特里斯坦·查拉1915年在苏黎世宣称，“但我们现在所缺乏的就是白痴。达达就是用它所有的力量在全世界创造白痴。”为了达到此一目的，达达主义者闯进高雅的苏黎世餐厅，就是为了朝那些进餐的资产阶级喊一嗓子“达达”。达达主义艺术家马塞尔·杜尚给《蒙娜丽莎》画上了胡须，将其命名为L.H.O.O.Q（Elle a chaud au cul[1]）。

1　法语，意为“她有一个大屁股”。——译者

达达派诗人胡戈·巴尔创造了一种毫无疑义、用多种语言拼凑的诗，他身穿用闪亮的蓝色纸板做的衣服，头戴女巫的帽子，在苏黎世的夜总会里发表了他的第一首达达诗歌，《卡拉瓦尼》[1]。

KARAWANE

jolifanto bambla ô falli bambla
grossiga m'pfa habla horem
égiga goramen
higo bloiko russula huju
hollaka hollala
anlogo bung
blago bung
blago bung
bosso fataka
ü üü ü
schampa wulla wussa ólobo
hej tatta gôrem
eschige zunbada
wulubu ssubudu uluw ssubudu
tumba ba- umf
kusagauma
ba - umf

1 原文为“Karawane”。——译者

当回忆当时达达主义者的目标时，曾经一度是达达主义画家的汉斯·里希特说："我们想创造一个新型人类，它摆脱了各种各样的专制，这些专制包括理性、平庸、将军、祖国、民族、艺术商、细菌、居住证和过去。让公众舆论恼火是我们的根本目的。"

其他一些团体也紧步达达主义的后尘。1924 年，超现实主义者在巴黎的格勒内勒街设立了超现实主义调查办公室。一个服装店假人从天花板悬挂下来吊在窗户里面，一些公众受到邀请前来讲述他们做过的梦或一些巧合的故事，提供他们对政治、艺术和流行趋势的看法。他们讲述的故事和提供的观点会被打印出来贴满墙壁。办公室负责人安托南·阿尔托声明："相比积极的参与者，我们更需要心理失常的参与者。"

在 1932 年，同样想惹恼资产阶级的意大利未来主义者菲利波·马里内蒂发表了《未来主义食谱》，他写道，这本书的设计目的是要革新意大利人进餐的方式，帮助他们摆脱 19 世纪的饮食习惯，具体地说，摆脱对意大利面食的喜欢（他通过援引西红柿肉末卤汁通心面和波伦亚式绿面条两个例子，来证明资产阶级缺乏与时俱进的精神）。但对任何一个买了这本烹调书想寻求一点烹调灵感的人来说，很显然马里内蒂——同热拉尔·德·奈瓦尔与安托南·阿尔托并无差别——的目的就是让读者的期待落空。菜谱包含这样的内容：

草莓乳房："一只粉红色的盘子里有两个竖起的女性乳房，用意大利乳清干酪制成，并用堪培利开胃酒把干酪染成粉红色，乳头是用蜜饯草莓做成的。在意大利乳清干酪表皮底下要加入一些新鲜的草莓，这样在咬上去的时候能够增加想象中乳房的理想口感。”

太空食品：“由一片茴香、一只橄榄和一只金橘构成，另外还需要一片纸板，上边依次贴着一条天鹅绒、一条丝绸和一张砂纸。砂纸不是用来食用的。它是进餐者在吮吸金橘的时候用右手拨弄消遣的。”

立体主义蔬菜拼盘：“1. 一小块维罗纳芹菜，油炸以后撒上辣椒粉。2. 一小块胡萝卜，油炸以后撒上搓碎的山葵。3. 煮熟的豆子。4. 几个伊夫雷亚泡制小洋葱，撒上切碎的芫荽。5. 几小块意大利果仁味羊奶干酪。注意事项：蔬菜块的大小不能超过一立方厘米。”

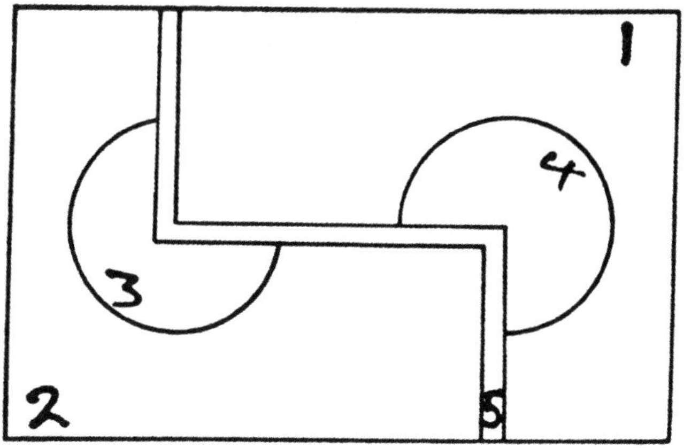

6

波希米亚行为的出格是显而易见的。重要的是，从重视原创性思维和强调生活的非物质层面到认为一切使法官或药剂师大光其火的行为——从遛甲壳类动物到吃草莓乳房——仅仅一步之遥。

由于波希米亚人极端关注精神需求，将之放在第一位，以至于他们对现实事务没有足够的重视，其结果就是他们中的好多人不得不异常辛苦地寻求赖以养家糊口的途径，甚至比那些忙碌的、关注物质生活的法官和药剂师花在精神思考上的时间还要少，而花在物质方面的思考上的时间还要多。

在 1844 年的马萨诸塞州，一群带有乌托邦思想的波希米亚艺术家建立了一个社区农场，他们将其命名为“果园”，并宣称他们对作为目的本身的钱和劳动没有丝毫的兴趣。他们只想种植足够的食物来保证身体的需要，然后把所有的精力投入到诗歌、绘画、自然和浪漫爱情中去。社区的建立者布朗森·奥尔科特宣布，这些新生农民的使命“是存在，而不是做事”。他和他的伙伴们在追求一系列野心勃勃的理想，这些理想是他们之前和之后的所有波希米亚社区所共同追求的：他们不穿棉花制品（因为棉花是奴隶摘的），不吃动物肉或奶制品，他们遵循严格的素食主义——他们只吃高高地长在空中的食物，避免食用胡萝卜和土豆，因为它们在土里朝下生长，而不是像苹果和梨一样一心向上。

不难想象，这个社区持续的时间不长。这些农民们不愿意关注实用的东西，使得他们在第一个夏天结束之后，便陷入难以糊口的境地，更别说如他们当初计划的那样阅读荷马史诗和彼特拉克的诗歌。在农场建立的几年以前，在波士顿曾经见过奥尔科特的爱默生对“果园”的成员们作了这样一个评价：“全部宗旨都是精神的，但他们最终总会说：‘你能再给我们寄点钱吗？’”在果园建立的6个月之后，整个社区在刻薄的相互攻击和绝望中做了鸟兽散——这是一个非常熟悉的波希米亚人的故事，他们由于坚决拒绝接受哪怕是最小的资产阶级的原则，必然地导致他们的理想主义发霉变质。

如同波希米亚人有时冒着极大的危险想要证明的那样，资产阶级在很大程度上受错误思想的误导，他们的生活也并不像平常所表现的那样令人心醉神迷，一旦认识到这点，就再也没有必要受到资产阶级的身份观念的影响，从而使自己深陷焦虑之中。很多优秀的思想都令中西部人震惊，但并非所有令他们震惊的思想都很优秀。正因为法官和药剂师的事业如此顺畅，让他们去质疑或偏离自己的行为方式或思维方式将是一件极其痛苦的事情。

7

这样说并非要我们循规蹈矩。不管波希米亚人的行为从外表看来多么出格和怪异，他们的运动的持久价值在于对资产阶级的理想提出了一系列建议性的批判。波希米亚运动批评资产阶级错误地理解了财富在一个美好的生活中应该起的作用；批判资产阶级过于草率地声讨世俗事务中的任何失败，以及他们在尊重外在成功时体现得过于卑躬屈膝；批判资产阶级对虚假的行为规范怀有过度的忠诚；批判资产阶级过于机械地把一个人的职业才能等同为他的天赋；批判资产阶级忽略艺术、感悟、嬉戏和创造的价值；批判资产阶级过度地关注秩序、规则、官僚机构以及严格守时。

用最广阔、最宽泛的方式来总结波希米亚的贡献，我们可以说它为寻求另外一种完全不同的生活方式提供辩解；它确立和定义了一种亚文化，在资产阶级主流文化中遭到鄙视和忽视的特定价值在这一亚文化中被赋予适当的地位和名誉。

波希米亚在很多方面来讲是基督教在精神领域的替代品——波希米亚在 19 世纪出现时，基督教开始丧失了在想象领域里对大众的影响力——同基督教一样，波希米亚坚持用精神的标准来衡量自己和他人，而反对用物质的标准对自己和他人做出判断。如同基督教的修道院一样，波希米亚的阁楼、咖啡馆、低租金住房和合作组织为那些无意追求资产阶级赏赐的人们提供了庇护之所，他们从中获得生活的支持和友谊。

再则，一些波希米亚人的立场可以帮助那些因主流身份体系而焦虑不堪的人认识到，避开主流身份体系的行为源远流长，而且偶尔辉煌一时。这一历史可以追溯到 19 世纪的巴黎诗人、达达主义运动的游戏性和颠覆性，以及超现实主义乡间野餐会。

由于一些才华非常出众的波希米亚人的努力，那些看起来显得偏激而滑稽的生活方式变得严肃而值得称道。在由律师、企业家和科学家构成的社会模范人物中，波希米亚添入了诗人、旅行家和散文家。波希米亚人认为，不管这些人言行如何怪异、物质如何匮乏，他们都有资格享受属于他们自己的最高的身份。

8

解决焦虑的成熟之途可以说始于一种认识，即身份的确立取决于听众的选择：听众可以是工业家或波希米亚人，可以是家庭成员或哲学家——而我们可以按照自己的意愿自由地选择听众。

不管身份的焦虑如何令人不快，但我们还是很难想象一种完全摆脱身份焦虑的美好生活，因为一个人对失败和在他人面前丢脸的恐惧，实际上意味着他抱有一定的追求，期待某些结果的出现，以及对自己以外的其他人心怀尊敬。身份的焦虑是我们承认在成功生活和不成功生活之间存在公共差异的时候，必须付出的代价。

虽然我们对身份的需求是毋庸置疑的，但我们在满足对身份的需求时面临着诸多选择，我们有自由认识到我们对蒙羞的忧虑完全取决于一定的社会群体，我们充分理解和尊重这个社会群体的判断方法。身份的焦虑只有在一种情况下才是成问题的，那就是我们遵循这些导致焦虑的价值观念，仅仅是因为我们异常胆小怕事、循规蹈矩，或仅仅是因为我们的思维已经被完全麻痹，以至于我们认为这些价值观念是天经地义的，或来自神授，或因为我们周围的人对此心醉神迷，或因为我们的想象力变得过于局限，而想不到还有其他的选择。

哲学、艺术、政治、基督教和波希米亚的目的并非废除身份等级，他们只是尝试创立一些新的身份等级，而这些等级建立在那些为大众所忽略或批判的价值标准的基础之上。这五个不同领域的革新者们一方面都坚持严格区分成功与失败、好与坏、可耻与高尚；另一方面又试图重新塑造我们的判断标准，使我们重新思考何种行为才能归入这些重要的标题。

每一个时代都会有一些人无法或不愿温顺地服从关于上层身份的主流观念，但他们有资格拥有更好的称呼，而不是残酷地被人称为失败者或小角色，而这五个领域的革新者们通过上述的方式，赋予这些人以合理性。他们提供了好多富有说服力和抚慰能力的事例来提醒我们，世界上并不是只有一种方式——并不是只有法官或药剂师的方式——才能证明生活的成功。

致谢

特别感谢：西蒙·普罗瑟，卡罗琳·道内，妮科尔·阿拉吉，丹·弗兰克，迈克尔·莱杰·洛马斯，迈克尔·波特，多米尼克·霍尔德，汤姆·格雷夫斯，弗利西蒂·哈维，以及奥斯汀·泰勒。

图片致谢

p.27 Punch Ltd.; p.32 AP Photo; p.36 Mary Evans Picture Library; p.38 Stapleton Collection, UK/Bridgeman Art Library; p.39 The Hoover Company; p.41 Reprinted by arrangement with Sears, Roebuck and Co. Protected under copyright. No duplication permitted; pp.42/43 GURSKY © Andreas Gursky/DACS London 2003, Courky Gallery, Monika Sprueth, Cologne; p.49 Galleria dell'Accademia, Venice/Bridgeman Art Library; p.68 The British Library, London; p.69 Corpus Christi College, Oxford/Bridgeman Art Library; p.70 Musée Condé, Chantilly/Bridgeman Art Library; p.90 Bettmann/Corbis; p.146 Jean Siméon Chardin, *The Attentive Muse*, Samuel H. Kress Collection, Image © 2003 Board of Trustees, National Gallery of Art, Washington DC; pp.148/9 Ashmolean Museum, Oxford/Bridgeman Art Library; p.150 National Museum and Gallery of Wales, Cardiff/Bridgeman Art Library; p.151 Museum Oskar Reinhart am Stadtgarten, Winterthur; p.152 Kunstindustrimuseet, Copenhagen/photo: Pernille Klemp; pp.154/5 Nivaagaards Malerisamling, Denmark; p.167 Musée Condé, Chantilly/Bridgeman Art Library; p.168 Musée de la Ville de Paris, Musée Carnavalet, Paris/Bridgeman Art Library; p.170 Louvre, Paris/ Bridgeman Art Library; pp.172/3 Courtesy of the Warden and Scholars of New College, Oxford/Bridgeman Art Library; p.176 Courtesy of the Warden and Scholars of New College, Oxford/Bridgeman Art Library; p.177 Punch Ltd.; p.178t The New Yorker Collection 1995, Peter Steiner from cartoonbank.com. All Rights Reserved; p.178b The New Yorker Collection 1987, J.B. Handelsman from cartoonbank.com. All Rights Reserved; p.179m The

New Yorker Collection 1980, Charles Barsotti from cartoonbank.com. All Rights Reserved; p.179m The New Yorker Collection 1988, Bernard Schoenbaum from cartoonbank.com. All Rights Reserved; p.179b The New Yorker Collection 1988, Mike Twohy from cartoonbank.com. All Rights Reserved; p.180 The New Yorker Collection 1998, Michael Crawford from cartoonbank.com. All Rights Reserved; p.181 The New Yorker Collection 1997, Frank Cotham from cartoonbank.com. All Rights Reserved; p.183 The New Yorker Collection 1988, William Hamilton from cartoonbank.com. All Rights Reserved; p.206 Mercedes-Benz/Campbell Dyle Dye; p.219 Intercontinental Hotels Corporation; p.220 Agency Merkley/Newman Harty; p.221 photo: Alan Mahon/Horton Stephens photographer's agents; p.236 Musée de Tesse, Le Mans/Bridgeman Art Library; p.237 Private Collection/ Lauros/ Giraudon/ Bridgeman Art Library; p.241 Louvre, Paris/Bridgeman Art Library; pp.242/3 Courtesy of the Trustees of Sir John Soane's Museum, London/Bridgeman Art Library; p.246 Stapleton Collection, UK/Bridgeman Art Library; p.247 Stapleton Collection, UK/Bridgeman Art Library; pp.250/1 Corcoran Gallery of Art, Washington DC; p.252/3 Bolton Museum & Art Gallery; p.254/5 The Collection of the Newark Museum, Newark NJ. Purchase 1961, The Members' Fund, 61.516; p.269 Lauros/Giraudon/Bridgeman Art Library; p.270 London Aerial Photo Library/ Corbis; pp.272/3 Architectural Association Photo Library Mary Parsons; p.276 Lee Miller Archives, Chiddingly, England; p.281 Louvre, Paris/ Bridgeman Art Library; p.282 Musée Fabre, Montpellier/Bridgeman Art Library; p.288 Lee Miller Archives, Chiddingly, England; p.290/1 Yale Center for British Art, Paul Mellon Collection, USA/Bridgeman Art Library; p.296 Galleria Pictogramma, Rome/Bridgeman Art Library/Alinari

图字：09－2004－409 号

图书在版编目（CIP）数据

身份的焦虑 /（英）阿兰·德波顿
（Alain de Botton）著；陈广兴，南治国译. — 上海：
上海译文出版社，2020.6（2025.7 重印）
（阿兰·德波顿作品集）
书名原文：Status Anxiety
ISBN 978-7-5327-8452-3

Ⅰ.①身… Ⅱ.①阿… ②陈… ③南… Ⅲ.①社会地
位—研究—世界 Ⅳ.①D561

中国版本图书馆 CIP 数据核字（2020）第 105267 号

身份的焦虑
［英］阿兰·德波顿 著 陈广兴 南治国 译
责任编辑 / 衷雅琴 封面设计 / 观止堂_未氓 内文版式 / 高 熹

上海译文出版社有限公司出版、发行
网址：www.yiwen.com.cn
201101 上海市闵行区号景路 159 弄 B 座
上海盛通时代印刷有限公司印刷

开本 890×1240 1/32 印张 10.25 插页 5 字数 129,000
2020 年 8 月第 1 版 2025 年 7 月第 11 次印刷
印数：59,001—64,000 册

ISBN 978-7-5327-8452-3
定价：58.00 元